독자의 1초를 아껴주는 정성!

세상이 아무리 바쁘게 돌아가더라도
책까지 아무렇게나 빨리 만들 수는 없습니다.
인스턴트 식품 같은 책보다는
오래 익힌 술이나 장맛이 밴 책을 만들고 싶습니다.
길벗이지톡은 독자여러분이 우리를 믿는다고 할 때 가장 행복합니다.
나를 아껴주는 어학도서, 길벗이지톡의 책을 만나보십시오.

독자의 1초를 아껴주는 정성을 만나보십시오.

미리 책을 읽고 따라해본 2만 베타테스터 여러분과 무따기 체험단, 길벗스쿨 엄마 2% 기획단,
시나공 평가단, 토익 배틀, 대학생 기자단까지!
믿을 수 있는 책을 함께 만들어주신 독자 여러분께 감사드립니다.

(주)도서출판 길벗　www.gilbut.co.kr
길벗 이지톡　www.gilbut.co.kr
길벗 스쿨　www.gilbutschool.co.kr

학습진도표

1과 안녕	2과 고마워	3과 미안해	4과 잘 지내?	5과 잘 가
유튜브 강의 ☐ 본 책 ☐ 문제로 확인하기 ☐	유튜브 강의 ☐ 본 책 ☐ 문제로 확인하기 ☐	유튜브 강의 ☐ 본 책 ☐ 문제로 확인하기 ☐	유튜브 강의 ☐ 본 책 ☐ 문제로 확인하기 ☐	유튜브 강의 ☐ 본 책 ☐ 문제로 확인하기 ☐
쉬어가기 프랑스어 애칭	6과 나는 수지야	7과 나는 배고파	8과 나는 요리를 해	9과 나는 음악을 좋아해
유튜브 강의 ☐ 본 책 ☐	유튜브 강의 ☐ 본 책 ☐ 문제로 확인하기 ☐	유튜브 강의 ☐ 본 책 ☐ 문제로 확인하기 ☐	유튜브 강의 ☐ 본 책 ☐ 문제로 확인하기 ☐	유튜브 강의 ☐ 본 책 ☐ 문제로 확인하기 ☐
10과 나는 케이크를 먹어	11과 나는 커피를 마셔	12과 나는 유튜브를 봐	13과 나는 일하러 가	14과 나는 빵을 먹고 싶어
유튜브 강의 ☐ 본 책 ☐ 문제로 확인하기 ☐	유튜브 강의 ☐ 본 책 ☐ 문제로 확인하기 ☐	유튜브 강의 ☐ 본 책 ☐ 문제로 확인하기 ☐	유튜브 강의 ☐ 본 책 ☐ 문제로 확인하기 ☐	유튜브 강의 ☐ 본 책 ☐ 문제로 확인하기 ☐
15과 나는 요리 할 수 있어	16과 나는 청소 해야 해	**쉬어가기** 프랑스어 욕	17과 네가 알리스야?	18과 너 더워?
유튜브 강의 ☐ 본 책 ☐ 문제로 확인하기 ☐	유튜브 강의 ☐ 본 책 ☐ 문제로 확인하기 ☐	유튜브 강의 ☐ 본 책 ☐	유튜브 강의 ☐ 본 책 ☐ 문제로 확인하기 ☐	유튜브 강의 ☐ 본 책 ☐ 문제로 확인하기 ☐

전체 진도표를 참고하여 나만의 10시간 플랜을 짜보세요.
아래 표는 이 책의 유튜브 강의를 기준으로 나눴습니다.

19과 너 뭐 해?	20과 너 뭐 좋아해?	21과 너 뭐 먹어?	22과 너 뭐 마셔?	23과 너 뭐 봐?
유튜브 강의 ☐ 본 책 ☐ 문제로 확인하기 ☐	유튜브 강의 ☐ 본 책 ☐ 문제로 확인하기 ☐	유튜브 강의 ☐ 본 책 ☐ 문제로 확인하기 ☐	유튜브 강의 ☐ 본 책 ☐ 문제로 확인하기 ☐	유튜브 강의 ☐ 본 책 ☐ 문제로 확인하기 ☐
24과 너 어디 가?	25과 너 무엇을 원해?	26과 너는 무엇을 할 수 있어?	27과 너는 무엇을 해야 해?	쉬어가기 프랑스어 은어
유튜브 강의 ☐ 본 책 ☐ 문제로 확인하기 ☐	유튜브 강의 ☐ 본 책 ☐ 문제로 확인하기 ☐	유튜브 강의 ☐ 본 책 ☐ 문제로 확인하기 ☐	유튜브 강의 ☐ 본 책 ☐ 문제로 확인하기 ☐	유튜브 강의 ☐ 본 책 ☐
28과 커피 한 잔 주세요	29과 와이파이 있나요?	30과 약국을 찾고 있어요	31과 화장실은 어디에 있나요?	32과 이 목걸이 얼마예요?
유튜브 강의 ☐ 본 책 ☐ 문제로 확인하기 ☐	유튜브 강의 ☐ 본 책 ☐ 문제로 확인하기 ☐	유튜브 강의 ☐ 본 책 ☐ 문제로 확인하기 ☐	유튜브 강의 ☐ 본 책 ☐ 문제로 확인하기 ☐	유튜브 강의 ☐ 본 책 ☐ 문제로 확인하기 ☐
33과 머리가 아파요	쉬어가기 프랑스어 학습팁	부록 알파벳	부록 숫자	부록 숫자 관련 중요표현
유튜브 강의 ☐ 본 책 ☐ 문제로 확인하기 ☐	유튜브 강의 ☐ 본 책 ☐	유튜브 강의 ☐ 본 책 ☐	유튜브 강의 ☐ 본 책 ☐ 문제로 확인하기 ☐	유튜브 강의 ☐ 본 책 ☐

프랑스어 공부,
함께 시작해요!

주미에르의 10시간 프랑스어 첫걸음
10 hours French Conversation

초판 발행 · 2022년 2월 10일
초판 4쇄 발행 · 2024년 5월 30일

지은이 · 노민주(주미에르)
발행인 · 이종원
발행처 · (주)도서출판 길벗
브랜드 · 길벗이지톡
출판사 등록일 · 1990년 12월 24일
주소 · 서울시 마포구 월드컵로 10길 56(서교동)
대표 전화 · 02)332-0931 | **팩스** · 02)323-0586
홈페이지 · www.gilbut.co.kr | **이메일** · eztok@gilbut.co.kr

기획 및 책임 편집 · 박정현(bonbon@gilbut.co.kr) | **디자인** · 황애라 | **제작** · 이준호, 손일순, 이진혁
마케팅 · 이수미, 최소영, 장봉석 | **영업관리** · 김명자, 심선숙 | **독자지원** · 윤정아

편집진행 및 교정교열 · 유상희, 정민애 | **일러스트** · 정윤성 | **전산편집** · 이도경 | **녹음 및 편집** · 와이알미디어
CTP 출력 및 인쇄 · 예림인쇄 | **제본** · 예림바인딩

- 길벗이지톡은 길벗출판사의 성인어학서 출판 브랜드입니다.
- 잘못 만든 책은 구입한 서점에서 바꿔 드립니다.
- 이 책은 저작권법에 따라 보호받는 저작물이므로 무단전재와 무단복제를 금합니다.
  이 책의 전부 또는 일부를 이용하려면 반드시 사전에 저작권자와 (주)도서출판 길벗의 서면 동의를 받아야 합니다.
- 책 내용에 대한 문의는 길벗 홈페이지(www.gilbut.co.kr) 고객센터에 올려 주세요.

ISBN 979-11-6521-860-7 03760
(길벗 도서번호 301108)

ⓒ 노민주, 2022
정가 17,000원

독자의 1초까지 아껴주는 정성 길벗출판사
(주)도서출판 길벗 | IT교육서, IT단행본, 경제경영서, 어학&실용서, 인문교양서, 자녀교육서 www.gilbut.co.kr
길벗스쿨 | 국어학습, 수학학습, 어린이교양, 주니어 어학학습, 학습단행본 www.gilbutschool.co.kr

페이스북 · http://www.facebook.com/gilbuteztok
네이버 포스트 · http://post.naver.com/gilbuteztok
유튜브 · https://www.youtube.com/gilbuteztok

내 눈높이에 딱! 가장 쉽고 빠르게 기초 프랑스어를 끝낸다!

주미에르의
10시간 프랑스어
첫걸음

노민주(주미에르) 지음

머리말

쉽고 가볍게 시작하는 프랑스어의 첫걸음, 주미에르와 함께해요!

안녕하세요! 저는 프랑스어로 K-뷰티와 한국을 소개하는 유튜브 크리에이터, 주미에르라고 합니다. 제 채널의 구독자 99퍼센트는 프랑스어권 사람들인데요. 구독자들로부터 프랑스에서 살았냐는 말도 많이 듣고, 부모님이 프랑스인이냐는 오해를 받기도 해요. 그런데 사실 저는 프랑스에 3주 다녀온 것 외에는 거주 경험이 전혀 없어요. 프랑스어 전공은 했지만, 문법과 텍스트 위주로 배웠기 때문에 대학 졸업 후에도 프랑스어로 말하는 것에는 자신이 없었습니다.

그래서 시작한 것이 유튜브였습니다. 완벽하지 않아도 말하면서 배우면 된다는 걸 스스로 증명하고 싶었어요. 처음엔 틀릴까 봐 무서웠지만, 일단 말하고 점차 고쳐 나가자고 생각했습니다. 제 예상대로, 업로드 영상이 쌓이는 만큼 회화 실력이 늘더라고요. '언어는 내뱉어야 한다'는 학습법이 옳았습니다. 완벽한 문법에만 초점을 두었다면 제 회화 실력은 이렇게 성장하지 않았을 거예요. 회화는 많이 말해 본 사람, 말하기를 많이 시도해 본 사람을 절대 이길 수 없어요. 제가 유튜브라는 공개적인 플랫폼에서 프랑스어권 구독자 18만 명을 모음으로써, 어느 정도 이 학습법이 증명되었다고 생각해요.

〈김치 담그는 법〉과 〈한국 스타일 메이크업 하는 법〉을 영상으로 만들었어요.

제가 증명한 방법으로 프랑스어를 시작해 보세요!

이 책은 한국에서만 공부해도 원어민처럼 자연스럽게 말할 수 있게 된 저의 노하우를 녹여서 회화 연습을 최대한 많이 할 수 있도록 구성했습니다. 문장으로만 연습하면서, 그때그때 필요한 최소한의 문법만 배울 거예요. 보통은 문법부터 배우는 경우가 많은데요. 그러면 문법을 회화에 어떻게 적용해야 할지 모르고, 말할 때 문법을 먼저 생각해서 말하는 것이 더 어려워질 수 있거든요. 문법부터 배우면 지루하기도 하고요.
또한 이 책은 회화에서 사용 빈도가 낮은 내용은 과감하게 덜어냈습니다. 주어도 Je(나), Tu(너) 그리고 프랑스 여행에서 주로 쓰는 Vous(상대를 높이는 주어)로만 연습할 것입니다. 단어도 무작정 많이 다루기보다는 한 가지로 다양하게 활용할 수 있게 연습을 할 거예요.

모두가 프랑스어를 전공하려고 배우는 건 아니잖아요.

저는 출판 제안을 받기 전부터 '프랑스어도 영어처럼 한국에서 쉽고 재미있게 배울 수는 없을까?', '프랑스어를 배우는 모든 사람이 이 복잡한 문법을 전부 알아야 할까?'라는 생각을 많이 했어요. 그래서 이 책의 독자를 '취미로 외국어를 배우는 분' 또는 '프랑스 여행을 준비 중인 분'이라고 상상하며 집필했어요. 취미라면 즐겁게 배워야 하는 건데 어려울 필요는 없잖아요. 프랑스어를 계속 배울 생각이더라도 첫 시작은 이왕이면 쉽고 재미있게 하는 것이 좋고요!
그래서 '처음 배우는 사람도 절대 어렵지 않도록 써 보자!'라고 생각하며 이 책을 썼습니다. 프랑스어에 입문했던 스무 살의 저를 생각하면서요. '이렇게 쓰면 좀 어렵게 들리지 않을까' 하는 부분은 무조건 수정을 했고, 작은 부분까지 신경을 많이 썼답니다.

프랑스어를 배우면 뭐가 좋냐면요~

프랑스어는 UN과 UNESCO 등 다수 국제 기관의 공식 언어로 사용되고 있어 영향력이 큰 언어입니다. 프랑스어를 공용어로 사용하는 지역을 Francophonie(프랑코포니)이라고 부르는데요. 프랑스뿐만 아니라 벨기에, 스위스, 캐나다의 퀘벡, 31개의 아프리카 국가 등에서 프랑스어를 사용하고 있습니다. 프랑스어를 배우면 그만큼 쓸 수 있는 곳이 많다는 뜻이겠죠?
무엇보다, 언어가 다른 사람과의 소통이 가능해지는 특별한 경험을 하시게 될 거예요. 나와 다른 곳에서 살아왔고, 전혀 몰랐던 사람들과 프랑스어라는 언어만으로 하나가 되는 짜릿한 기분을 꼭 느껴 보셨으면 좋겠습니다.

새로운 세계로의 여행, Start !

하나의 언어를 배운다는 것은 하나의 세계를 배우는 것과 같다고 해요. 프랑스어를 공부하며 언어에 녹아 있는 문화를 배우고, 프랑스어권 사람들과 소통할 수 있을 거예요.
이 책과 강의가 여러분들의 일상에 활력이 되었으면 좋겠습니다. 프랑스어라는 언어를 통해 여러분과 만나게 되어 정말 기쁘고, 여러분의 프랑스어 시작을 함께하게 되어 영광입니다!

주미에르 드림

이 책의 구성과 활용법

이 책은 프랑스어를 처음 시작하는 입문자를 대상으로 합니다. 크게 본책, 부록, 별책으로 구성되어 있습니다. 본책은 회화 위주로 PART 1~4(총 33과)로 이루어져 있으며, 부록에서 보조적인 학습을 할 수 있습니다. 별책은 분리가 가능하여 여행 시 휴대하며 활용할 수 있습니다.

본책

❶ QR코드 | 잠깐! 먼저 QR코드를 찍으세요. 동영상 강의를 켜고 주미에르 선생님과 함께 공부를 시작합니다.

❷ 무방비 상태로 3번씩 듣기 | 이번 과에서 배울 문장이 나옵니다. 일단 들으며 뜻을 추측해 보고, 완벽하지 않더라도 한 번씩 따라해 봅니다. 그냥 시작하는 것보다 이해도가 높아집니다.

직접 말해 보기

방금 들은 문장의 뜻을 확인하고, 입으로 소리 내서 따라합니다. 감정을 넣어서 연습하면 더 오래 기억에 남아요!

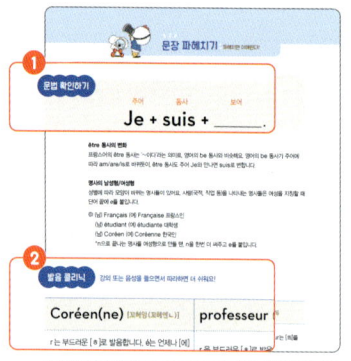

문장 파헤치기

분석해 보면 문장이 쉬워집니다. 문법과 발음을 암기하겠다는 욕심은 버리고, 천천히 읽으며 이해해 봅시다!

① 문법 확인하기 | 해당 과를 관통하는 핵심 문법을 확인합니다.

② 발음 클리닉 | 발음이 까다로운 단어를 콕 집어 드립니다.

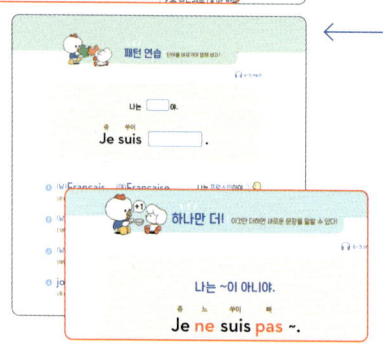

패턴 연습

한 개를 공부해도 다양하게 활용할 수 있도록 패턴 연습을 준비했습니다. 패턴 연습에서도 mp3를 듣고 영상을 보며, 최대한 비슷하게 따라해 보세요!

하나만 더!(*PART 2에만 있습니다)

단어 하나만 더하면 또 다른 의미의 문장을 만들 수 있습니다.

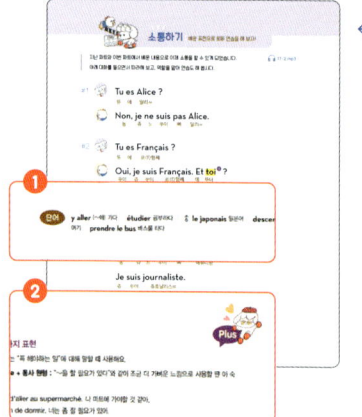

소통하기(*PART 3,4에만 있습니다)

대화 속 등장인물이 되어 회화를 연습합니다.

① 단어 | 회화 내용 중 배우지 않은 단어나 중요한 단어를 정리했습니다.

② Plus | 회화 주제와 관련된 뉘앙스나 표현 설명을 추가로 알려드려요.

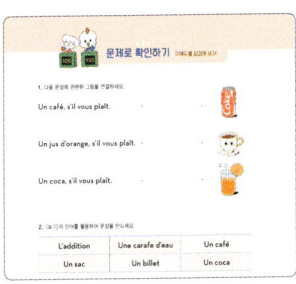

문제로 확인하기
문제를 풀면서 배운 내용을 완전히 이해했는지 확인해 봅니다. 간단한 그림 잇기 문제부터 작문 문제까지 풀어봅니다.

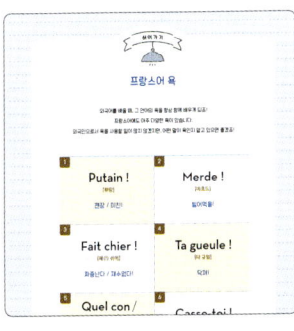

쉬어가기
한 파트를 끝내면 쉬어가야겠죠? 프랑스어 욕부터 공부법까지 다양하게 준비했습니다. 쉬어가기 코너에서 푹 쉬고 다음 파트를 준비해 봅시다.

알찬 부록

이름답게 학습에 도움이 될 보충자료들을 알차게 구성했습니다. 알파벳과 숫자 읽는 법은 강의와 함께 보면 더 쉽습니다! 책에 나오지 않은 주어들과 추가 단어/표현집으로 말하기 연습을 하고, 문제로 확인하기 정답도 맞춰보세요!

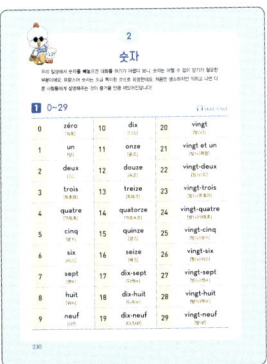
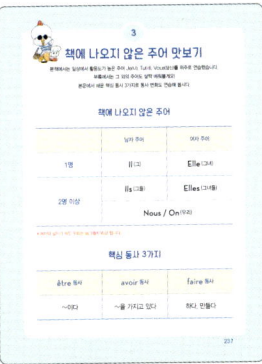
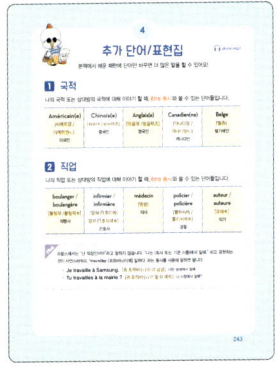

차례

워밍업 — 알고 시작하면 더 쉽다

이런 교재예요!	···· 15
이렇게 공부하면 좋아요!	···· 16
프랑스어, 조금만 알고 갈까요?	···· 17

PART 1 기본 표현 배우기

01과	안녕	···· 21
02과	고마워	···· 25
03과	미안해	···· 29
04과	잘 지내?	···· 33
05과	잘 가	···· 37
쉬어가기	프랑스어 애칭	···· 41

PART 2 Je로 나에 대해 표현하기

06과	나는 수지야 être 동사	···· 45
07과	나는 배고파 avoir 동사	···· 51
08과	나는 요리를 해 faire 동사	···· 57
09과	나는 음악을 좋아해 aimer 동사	···· 63
10과	나는 케이크를 먹어 manger 동사	···· 69
11과	나는 커피를 마셔 boire 동사	···· 75

12과	나는 유튜브를 봐 regarder 동사	···· 81
13과	나는 일하러 가 aller 동사	···· 87
14과	나는 빵을 먹고 싶어 vouloir 동사	···· 93
15과	나는 요리할 수 있어 pouvoir 동사	···· 99
16과	나는 청소해야 해 devoir 동사	···· 105
쉬어가기	프랑스어 욕	···· 111

PART 3
Tu로 친구와 대화하기

17과	네가 알리스야? être 동사	···· 115
18과	너 더워? avoir 동사	···· 121
19과	너 뭐 해? faire 동사	···· 127
20과	너 뭐 좋아해? aimer 동사	···· 133
21과	너 뭐 먹어? manger 동사	···· 139
22과	너 뭐 마셔? boire 동사	···· 145
23과	너 뭐 봐? regarder 동사	···· 151
24과	너 어디 가? aller 동사	···· 157

25과	너 무엇을 원해? vouloir 동사	···· 163
26과	너는 무엇을 할 수 있어? pouvoir 동사	···· 169
27과	너는 무엇을 해야 해? devoir 동사	···· 175
쉬어가기	프랑스어 은어	···· 181

PART 4 여행하기

28과	커피 한 잔 주세요 ~ s'il vous plaît.	···· 185
29과	와이파이 있나요? Vous avez ~?	···· 191
30과	약국을 찾고 있어요 Je cherche ~.	···· 197
31과	화장실은 어디에 있나요? Où est/sont ~?	···· 203
32과	이 목걸이 얼마예요? Combien coûte ~?	···· 209
33과	머리가 아파요 J'ai mal à ~.	···· 215
쉬어가기	프랑스어 학습팁	···· 221

알찬 부록

❶ 알파벳 ··· 224
❷ 숫자 ··· 230
❸ 책에 나오지 않은 주어 맛보기 ··· 237
❹ 추가 단어/표현집 ··· 243
❺ 문제로 확인하기 정답 ··· 246

*별책에서는 여행용 회화를 배울 수 있습니다.

동영상 강의 보는 법 & mp3 파일 듣는 법

동영상 강의

❶ QR코드
각 과 도입부의 QR코드를 스캔하면 동영상 강의를 볼 수 있는 페이지로 연결됩니다.

❷ 유튜브 주미에르 프랑스어 채널
유튜브에서 '주미에르의 10시간 프랑스어'를 검색하세요!

mp3 파일

❶ QR코드
각 과 도입부의 QR코드를 스캔하면 mp3 파일을 들을 수 있는 페이지로 연결됩니다.

❷ 길벗 홈페이지
홈페이지에서 도서명을 검색하면 mp3 파일 다운로드 및 바로 듣기가 가능합니다.

 **일러두기**

- 프랑스어 입문자가 프랑스어 발음에 익숙해질 수 있도록 한글 발음을 달았습니다. 한글 발음은 최대한 프랑스 현지에 가까운 발음을 싣고자 했습니다. (PART 4의 〈소통하기〉에서는 연습을 위해 한글 발음을 달지 않았고, 새로 등장하는 어휘의 발음은 하단의 〈단어〉코너에서 확인하실 수 있습니다.)

- 명사 단어를 외울 때, 관사를 함께 기억하면 좋기 때문에 〈단어〉코너는 '관사 + 명사'의 형태로 쓰여있습니다. 관사와 명사를 함께 보면서 눈에 익히세요!

알고 시작하면
더 쉽다!

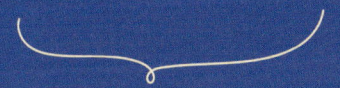

1. 이런 교재예요!
2. 이렇게 공부하면 좋아요!
3. 프랑스어, 조금만 알고 갈까요?

알고 시작하면 더 쉽다!

1. 이런 교재예요!

이 프랑스어 교재는 알파벳과 문법부터 배우지 않는! 회화부터 시작하는 책입니다.

우리가 처음 말을 배울 때 ㄱ, ㄴ, ㄷ부터 배우지 않았죠? 엄마, 아빠, 물 등 가장 자주 사용하는 단어를 배우며 말을 시작했어요. 단어, 문장들을 먼저 '말'로 접한 후에 문법을 배웠죠. 그런데 외국어를 배울 땐, 항상 문법부터 시작하는 경우가 많아요. 지도자는 문법부터 가르치는 것이 편하지만, 학습자는 이렇게 배우면 모든 말을 문법에 맞춰야 한다는 부담을 가질 수 있습니다.

혹시 외국어를 배울 땐 말부터 시작하는 것이 불가능해서 그런 걸까요? 아니요, 충분히 가능합니다! 그래서 이 책에서는 쉽고 재미있게 자주 사용하는 회화 표현부터 배우면서, 아주 조금씩 문법과 발음 규칙을 알려 드릴 거예요. 기존의 프랑스어 교재처럼 문법과 회화를 서로 다른 영역인 것처럼 따로 배우지 않을 거예요. 회화를 중심으로, 그 속에서 찾을 수 있는 문법 요소와 발음 규칙을 함께 배워 볼게요!

이 책은 동사 한 개만 배워도 여러 가지 표현을 만들어 볼 수 있도록 구성했어요. 다양하게 아는 것보다 아는 것을 다양하게 활용하는 것이 중요합니다. 하나의 패턴으로 여러 가지 문장을 구사할 수 있도록 도와 드릴게요. 교재 뒷부분으로 갈수록 문장이 조금씩 길어져서 어렵게 느껴질 수도 있어요. 앞부분을 빠르게 넘어가려 하지 말고, 천천히, 조금씩, 완벽히 익힌 뒤 넘어가면 쉽게 공부할 수 있습니다.

2. 이렇게 공부하면 좋아요!

이 책을 더욱 효과적으로 학습할 수 있는 방법을 제안합니다!
이 방법으로 학습하면 실력이 더 단단하게 다져집니다.

하루에 1개 또는 2개의 과만 공부할 것을 추천합니다.

처음 진도를 나갈 땐, '너무 쉬운 거 아냐?' 라는 생각이 들 수도 있고, 빠르게 넘어가고 싶다는 생각이 들 수 있습니다. 하지만 뒤로 가면서 조금씩 길어지는 문장과 다양해지는 표현, 그리고 머릿속에 쌓이는 문법들로 인해 그 전에 배웠던 것들과 헷갈릴 수 있습니다. 완전히 익히고 넘어간다는 마음으로, 하루에 하나 또는 두 개의 과만 공부하는 것을 추천해 드립니다.

3개의 과를 공부한 후, 하루는 그 3개를 복습해 보세요.

이전에 공부한 것을 복습할 때 표현들이 확실하게 내 것이 됩니다. 오늘 배우는 것들은 내일의 공부와 모두 연관되어 있기 때문에 복습하면 앞으로의 공부가 더 수월해진답니다!

꼭 따라 말하는 시간을 갖는 것이 좋습니다.

이 교재는 회화를 중심으로 만들어진 교재입니다. 이론 공부, 문법 공부가 아닌 "말을 하는 것"에 중점을 둔 책이기 때문에, mp3를 들으며 직접 말해보아야 회화 실력이 향상될 수 있습니다.

이 책은 문법 교재가 아닙니다.

문법으로 프랑스어를 시작하게 되면, '학문으로서의 프랑스어'를 하게 됩니다. 반면 이 교재에서는 언어에 대한 감을 익히기 위해 말을 직접 해보며, 실제 회화 표현들을 습득합니다. 이 과정이 끝나면 회화에 자신감이 생기고 문법에 대한 궁금증도 생깁니다. 학문적인 것을 원한다면 이때 문법을 더 자세히 공부해도 좋습니다.

3. 프랑스어, 조금만 알고갈까요?

공부를 하며 궁금해 할 만한 내용들을 정리해 두었습니다!
다음 내용을 알고 나면, 프랑스어에 대한 이해가 훨씬 쉬워집니다.

명사에 성별이 존재합니다.

명사에 성별이 있다니 이상하죠? 여기서 성별은 명사가 가진 성격이라고 할 수 있습니다. 문제는 성별을 구분하는 확실한 규칙이 없다는 것입니다. 새로운 단어를 배울 때마다 조금씩 알아가는 것이 좋습니다.

"성수 일치"라는 것이 있습니다.

'명사의 성(姓)과 수(數)에 일치시킨다'는 말입니다. 명사가 남성명사인지, 여성명사인지, 그리고 단수인지, 복수인지에 따라 그 명사와 함께 사용되는 형용사의 형태가 달라집니다. 일반적으로 여성명사와 함께 쓰이는 형용사에는 기본형에 e가 붙습니다. 복수형은 명사와 형용사 모두 s가 붙습니다.

관사가 존재합니다.

영어의 a, an, the와 같은 관사가 프랑스어에도 있습니다. 명사의 성과 수에 따라 다른 관사가 붙습니다. 이 역시 처음부터 모든 것을 외우려고 하기보다, 공부하며 천천히 감을 익히는 것이 좋습니다.

동사는 주어와 시제에 따라 모양이 달라집니다.

영어에서 like 동사가 주어 He 또는 She와 만나면 likes로 변하고, 과거형은 liked로 변하는 것처럼, 프랑스어 동사도 주어와 시제에 따라 형태가 달라집니다. 프랑스어의 동사 변화는 아주 복잡하기로 유명합니다. 하지만 자주 사용하는 동사와 시제가 따로 있기 때문에 거의 쓰지 않는 변화형도 많습니다. 그래서 처음부터 모든 동사 형태를 다 익힐 필요는 없습니다. 가장 많이 사용하는 Je(나), Tu(너)와 함께 쓰는 동사의 현재형부터 익히면 됩니다.

학습 준비물 2가지!

❶ 입

회화학습이니까
꼭 입으로 연습해 보세요!

❷ 표정

실제 상황인 것처럼
표정도 실감나게 연습하면
문장이 더 잘 외워집니다. 진짜예요!

기본 표현 배우기

이런 말을 할 수 있어요

#안녕 #고마워
#미안해 #잘 지내?
#잘 가
+ 프랑스어 애칭

프랑스어 회화 연습을 시작하신 여러분, 환영합니다!

PART 1은 가볍게 몸풀기를 하는 파트예요.

"안녕!"부터 "잘 가."까지 일상에서 자주 사용하는 표현을 배울 거예요.

프랑스 어디를 가든 사용할 수 있는 표현들이니 꼭 알고 가세요!

발음이 조금 생소하게 느껴지는 것들이 있을 수 있어요.

하지만 모든 것에는 익숙해지기 위한 시간이 필요합니다.

어린아이가 되어 말을 처음 배우는 것처럼 반복하는 것이 중요합니다.

쉽고 재미있게 꼭 필요한 것들만 배울 거니까 너무 걱정하지 마세요!

표현을 연습할 땐, 생생한 표정과 함께 해 보세요.

더 잘 기억할 수 있어요.

그럼 시작할까요?

C'est parti !

1과

안녕!

🎧 1-0.mp3   무방비 상태로 3번씩 들어 보기 👂   무슨 뜻일까요?

Bonjour !

Salut !

Bonsoir !

Coucou !

누군가를 처음 만났을 때 또는 친구를 만났을 때 사용하는 인사 표현입니다.

책을 펼치고
동영상 강의를 보면서
학습을 시작합니다.

 동영상 강의 보기   mp3 파일 듣기

프랑스어로 "안녕!"은?

프랑스어는 아침에 하는 인사와 저녁에 하는 인사가 따로 있어요.
영어에서 "Good morning." "Good evening."이 있는 것과 비슷하죠!

🎧 1-1.mp3

아침 인사 (=날이 어두워지기 전)

Bonjour !
[봉쥬ㅎ]

발음tip

[봉주르]가 아니에요.
프랑스어의 r 발음은 [ㄹ] 소리가 아닌 '목을 긁는 소리' 또는 [ㅎ] 소리가 나요. 강하지 않고, 자연스럽게 소리내는 것이 포인트!

▶ 가장 기본적인 인사 표현입니다.

저녁 인사 (=날이 어두워질 때)

Bonsoir !
[봉쑤아]

▶ 날이 어두워지기 시작하면 이 인사 표현을 사용합니다.

 Tip 프랑스에서는 잘 모르는 사이라도 같은 건물에서 만나면 가볍게 인사를 주고받습니다. 모르는 사람이 지나가며 "Bonjour !"를 한다면, 여러분도 자연스럽게 "Bonjour !"라고 말해 보세요.

3번씩 따라해 봅시다.

그리고 다행히도 아침, 저녁 둘 다 사용할 수 있는 인사 표현도 있습니다!

아침 저녁 구분 없이 쓰는 인사 ❶

Salut !
[쌀류]

> 발음tip
>
> [쌀루]가 아니에요.
> 프랑스어의 u 발음은 [우] 소리가 아닌, [우]와 [이]가 섞인 듯한 소리가 나요. 하지만! 지금부터 어려워하지 말아요. [쌀류]로 발음해도 충분합니다.

▶ 꽤 가까운 사이 또는 친구를 만났을 때 사용해요.
아침과 저녁 구분 없이 사용할 수 있는 인사 표현입니다.

아침 저녁 구분 없이 쓰는 인사 ❷

Coucou !
[꾸꾸]

▶ 친구에게 귀여운 느낌으로 사용할 수 있는 인사 표현이에요.
이 표현 역시 정말 자주 사용합니다. 친구에게 메시지를 보낼 때도 쓸 수 있어요.

문제로 확인하기 : 이해도를 점검해 보자!

이럴 땐 어떤 인사를 해야 할까요? 가장 어울리는 것을 골라서 써 봅시다.

> Bonjour !   Bonsoir !
> Salut !   Coucou !

상황 1 저녁에 맥주를 마시러 펍에 들어갔는데, 점원과 눈이 마주쳤습니다.

➡ _____

상황 2 (시간 상관 없이) 친한 친구에게 친근하게 인사를 하려고 합니다. [답 2개]

➡ _____

상황 3 점심에 빵집에 들어갔는데, 점원과 눈이 마주쳤습니다.

➡ _____

24

2과

학습일 :   월   일

고마워.

🎧 2-0.mp3   무방비 상태로 3번씩 들어 보기   무슨 뜻일까요?

Merci.

De rien.

Merci beaucoup.

Avec plaisir.

고맙다는 표현과 그에 대한 대답 표현입니다.

책을 펼치고
동영상 강의를 보면서
학습을 시작합니다.

 동영상 강의 보기  mp3 파일 듣기

프랑스어로 "고마워."는?

고맙다는 표현은 정말 자주 사용하기 때문에 잘 익혀 두는 것이 좋습니다.
고맙다는 말을 들었을 때, 대답하는 표현도 함께 알아볼까요?

🎧 2-1.mp3

고마워.

Merci.

[멕씨]

발음tip

메르씨? 멀씨? No! 멕씨!

r발음은 '목을 긁는 소리' 또는 [ㅎ] 소리가 난다고 했죠! 그런데 r 뒤에 c가 올 때는 'ㄱ 받침' 발음으로 내는 것이 자연스러워요. [멕씨]라고 발음하면 됩니다!

▶ 가장 많이 사용하는 감사 표현입니다.

정말 고마워.

Merci beaucoup.

[멕씨 보꾸]

▶ 뒤에 beaucoup라는 단어만 붙여, "정말 고마워요"라고 말할 수 있습니다.

Tip 카페에서 커피를 받은 후, 물건을 구매한 후 등 가볍게 "Merci."라는 표현을 사용하세요.
감사함을 조금 더 표현하고 싶다면, beaucoup를 붙여 "Merci beaucoup."라고 해보세요.

3번씩 따라해 봅시다.

고맙다는 말에 대한 대답 표현이 있어요. 영어의 "You're welcome."과 비슷해요! 누군가 고맙다고 말한다면, 꼭 다음과 같이 말해 보세요.

천만에요.

De rien.

[드 히앙]

발음tip

여기서 en은 [앙]

프랑스어에서 en은 보통 [엉]으로 발음하지만, 단어 끝에 위치할 땐 [앙]으로 발음합니다.

▶ 프랑스어에서 Merci의 짝꿍처럼 사용하는 표현이에요.

천만에요(기꺼이 도와드려야죠).

Avec plaisir.

[아벡(v) 쁠레지ㅎ]

tip

기쁨으로

Avec plaisir를 직역하면 '기쁨으로'라는 뜻이에요. 기쁨을 담아 기꺼이 도와줄 수 있다는 뜻이겠죠?

▶ "De rien."과 비슷하게 사용할 수 있는 표현입니다. 한 가지 표현만 사용하지 말고, 다양하게 사용해 보세요.

문제로 확인하기 : 이해도를 점검해 보자!

이럴 땐 어떤 말을 해야 할까요? 가장 어울리는 것을 골라서 써 봅시다.

> Merci.   Merci beaucoup.
> De rien.   Avec plaisir.

상황 1 카페에서 내가 주문한 커피를 받았습니다. 커피를 받으며 직원에게 감사를 표현하고 싶습니다.

➡ _____

상황 2 떨어뜨린 친구의 물건을 주워 줬더니, 친구가 "Merci."라고 말하네요. 나는 뭐라고 대답할까요? [답 2개]

➡ _____

상황 3 길을 헤매다가, 지나가는 사람에게 길을 물었습니다. 친절하게 알려준 사람에게 정말 고맙다고 표현하고 싶습니다.

➡ _____

3과

학습일 : 　월　　일

미안해.

🎧 3-0.mp3　　무방비 상태로 3번씩 들어 보기　　무슨 뜻일까요?

Désolé(e).

Excusez-moi.

Pardon.

Ce n'est pas grave.

사과하는 표현과 사과에 답하는 표현입니다.

책을 펼치고
동영상 강의를 보면서
학습을 시작합니다.

동영상 강의 보기　　mp3 파일 듣기

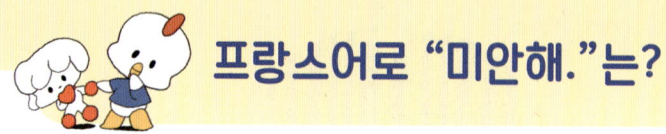

프랑스어로 "미안해."는?

프랑스에서는 길에서 누군가를 앞질러 가거나 실수로 살짝만 부딪히더라도 가볍게 미안하다는 표현을 한답니다.

🎧 3-1.mp3

미안해요.

Désolé(e).

[데졸레]

tip

글로 쓸 때 주의하세요.

Désolé와 Désolée는 발음이 같아요. 하지만 여러분이 여성인 경우, 글로 쓸 때는 뒤에 e를 붙여 Désolée라고 써야 된답니다.

▶ 가장 기본적인 사과 표현입니다.

미안해요.

Pardon.

[빠ㅎ동]

▶ 가볍게 사과할 때 자주 쓰는 표현입니다.
 심각한 상황이 아닐 때, 이 표현을 사용해 보세요!

3번씩 따라해 봅시다.

내가 실수를 할 수도 있으니 사과 표현을 꼭 알고 있어야겠죠?
사과에 답하는 표현도 알아볼게요.

죄송합니다(실례합니다).

Excusez-moi.

[엑스뀌제 무아]

▶ 사과할 때도 쓸 수 있지만, 무언가를 물어보거나 부탁하기 전에 '실례합니다'라는 의미로도 쓸 수 있습니다.

별거 아니에요.

Ce n'est pas grave.

[쓰네빠 그하브(v)]

▶ 사과에 대한 대답 표현입니다. 누군가 사과할 때 위와 같이 말하며 정중하게 받아줄 수 있어야겠죠!

문제로 확인하기 : 이해도를 점검해 보자!

이럴 땐 어떤 말을 해야 할까요? 가장 어울리는 것을 골라서 써 봅시다.

> Désolé(e).   Pardon.
> Excusez-moi.   Ce n'est pas grave.

상황 1 급하게 어딘가로 가는 중, 앞에 있는 사람들을 헤치고 지나가야 합니다.

➡ _____

상황 2 지나가는 사람에게 길을 물어보려고 합니다. 뭐라고 말을 걸면 될까요?

➡ _____

상황 3 지나가던 사람과 부딪히는 바람에 내 핸드폰이 바닥에 떨어졌어요. 상대방이 "Désolé"라고 하며 주워 주네요. 나는 뭐라고 대답하면 될까요?

➡ _____

4과

잘 지내?

🎧 4-0.mp3　　무방비 상태로 3번씩 들어 보기 👂　　무슨 뜻일까요?

Ça va ?

Ça va bien.

Comment ça va ?

Pas mal.

인사와 함께 안부를 묻는 표현입니다.

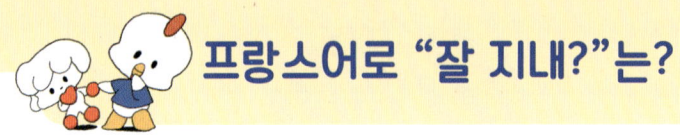

프랑스어로 "잘 지내?"는?

영어에서도 인사와 함께 "How are you ?"라고 말하며 가볍게 안부를 묻죠!
프랑스어에서도 인사를 하며 안부를 자주 묻습니다. 어떤 표현을 쓰는지 알아봅시다.

🎧 4-1.mp3

잘 지내?

Ça va ?

[싸바(v)]

▶ 가장 간단하고, 가장 많이 사용하는 표현입니다.
이 표현은 "괜찮아?"라고 말하고 싶을 때도 사용할 수 있습니다.

발음tip

ç는 언제나 [ㅆ]발음

c 밑에 s 비슷한 것이 붙어있죠? 이걸 '쎄디유'라고 부르는데요, 이름을 외울 필요는 없어요! ç가 나오면 항상 [ㅆ]로 발음하면 된답니다. 그래서 '까바'가 아닌 '싸바'라고 발음합니다.

어떻게 지내?

Comment ça va ?

[꼬멍 싸바(v)]

▶ comment은 '어떻게'라는 뜻입니다. 이 표현도 자주 사용합니다.

인사를 주고받은 후, 분명 상대방이 안부를 물을 때가 많을 거예요.
그럴 때 어떻게 대답하는지 알아볼까요?

잘 지내.

Ça va bien.

[싸바(v) 비앙]

▶ 아주 간단하게 Ça va라고 할 수도 있어요.
하지만 뒤에 bien을 붙인다면, 조금 더 풍성하게 말할 수 있답니다.

괜찮아요(나쁘지 않아요).

Pas mal.

[빠말]

빠스말? No! 빠말!

보통 프랑스어에서 단어 끝에 있는 s는 발음하지 않아요. [빠스말]이 아닌 [빠말]이라고 발음하면 된답니다.

▶ 영어의 "Not bad."와 비슷합니다. 이 표현은 꽤 괜찮은 상태일 때 사용해요.
약간 어두운 표정으로 말하면 '그저 그렇다'라는 느낌으로도 말할 수 있어요.

문제로 확인하기 : 이해도를 점검해 보자!

이럴 땐 어떤 말을 해야 할까요? 가장 어울리는 것을 골라서 써 봅시다.

Ça va ?   Comment ça va ?

Ça va bien.   Pas mal.

상황 1 친구에게 연락을 해 인사와 함께 안부를 물으려고 합니다. "Coucou !"라고 한 후 뭐라고 말할까요? [답 2개]

➡ _____

상황 2 자주 들르는 카페에서 직원이 인사 후 안부를 묻네요. 잘 지내고 있다고 말하려고 합니다.

➡ _____

상황 3 길에서 친구를 만났습니다. 친구가 "Salut! Ça va ?"라고 말을 거네요. 오늘은 나쁘지 않다고 말하려 합니다.

➡ _____

5과

학습일 :   월   일

잘 가.

🎧 5-0.mp3   무방비 상태로 3번씩 들어 보기 👂   무슨 뜻일까요?

Au revoir.

À demain.

À bientôt.

Bonne journée / soirée.

주로 헤어질 때 하는 인사입니다.

책을 펼치고 동영상 강의를 보면서 학습을 시작합니다.

 동영상 강의 보기   mp3 파일 듣기

프랑스어로 "잘 가."는?

지인과 헤어질 때, 카페나 마트에서 계산을 하고 나올 때 필요한 표현들입니다.
헤어지는 인사와 함께 덧붙이는 표현도 알아봐요!

🎧 5-1.mp3

잘 가.

Au revoir.

[오으부(v)아]

발음tip

r을 아주 약하게

실제로 이 표현을 사용할 땐, r 소리가 아주 약하게 나요. [오으부아]라고 발음해도 충분합니다.

▶ 헤어질 때 가장 많이 사용하는 표현입니다.

또 보자.

À bientôt.

[아 비앙또]

▶ 다시 만나자고 약속을 했거나, 또 만나고 싶은 경우 사용하는 표현입니다.

3번씩 따라해 봅시다.

내일 봐.
À demain.
[아 드망]

> 발음tip
> ain은 [아인]이 아닌 [앙]
> 프랑스어의 ain은 언제나 [앙]으로 발음해요.

▶ demain은 '내일'이라는 뜻입니다. 헤어진 다음 날 또 만나는 상황에서 이 표현을 사용하면 됩니다.

좋은 하루 보내. / 좋은 저녁 보내.
Bonne journée / soirée.
[본 쥬흐네 / 수아헤]

▶ 헤어질 때 하는 인사 표현들과 함께 사용할 수 있습니다.

 2~3가지 표현을 조합해서 사용할 수도 있습니다.
예를 들어, "잘 가, 내일 봐!"라고 할 땐 "Au revoir ! À demain !"라고 말할 수 있고,
"안녕히 가세요, 좋은 하루 되세요!"라고 할 땐 "Au revoir ! Bonne journée !"라고 말할 수 있습니다.

문제로 확인하기 : 이해도를 점검해 보자!

이럴 땐 어떤 인사를 해야 할까요? 가장 어울리는 것을 골라서 써 봅시다.

> Au revoir.　　À bientôt.
> À demain.　　Bonne journée / soirée.

상황 1 빵집에서 계산하고 나오면서 점원에게 "좋은 하루 보내세요!"라고 말하려고 합니다.

➡ _____

상황 2 친구와 오랜만에 만나 저녁을 먹고, 헤어지면서 "또 봐. 좋은 저녁 보내."라고 말하려고 합니다. 뭐라고 할까요?

➡ _____

상황 3 어학당에서 수업이 끝나고, 매일 보는 친구에게 "잘 가, 내일 봐."라고 말하려고 합니다.

➡ _____

프랑스어 애칭

프랑스에서는 사랑하는 사람을 부를 때 정말 다양한 애칭을 사용해요.
하지만 한국과 마찬가지로 애칭을 부르는 것을 어색해 하는 사람들도 있답니다.
프랑스에서 사랑하는 사람이나, 아주 가까운 사람을 어떻게 부르는지 한 번 알아볼까요?

1
Mon amour
[모나무ㅎ]

나의 사랑

2
Mon cœur
[몽 꾀ㅎ]

나의 심장

3
Mon lapin
[몽 라빵]

나의 토끼

4
Mon chaton
[몽 샤똥]

나의 고양이

5
Chéri / Chérie
[쉐히]

당신, 자기야

6
Chouchou
[슈슈]

귀염둥이

1 **Mon amour :** '나의 사랑'이라는 뜻이에요. 연인 사이에서 또는 부모님이 아이를 사랑스럽게 부를 때 사용해요.

2 **Mon cœur :** '나의 심장'이라는 뜻이에요. 심장이라고 표현할 만큼 소중하다는 뜻이겠죠? 주로 연인 사이에서 많이 사용해요.

3 **Mon lapin :** '나의 토끼'라는 뜻이에요. 이렇게 귀여운 동물을 애칭으로 사용하는 경우도 많습니다.

4 **Mon chaton :** '나의 아기 고양이'라는 뜻이에요. 원래 고양이는 chat[샤]인데, 귀엽고 사랑스러운 느낌을 담아 부를 땐, chaton[샤똥]이라고 한답니다. 영어의 kitten과 비슷해요.

5 **Chéri / Chérie :** '여보', '자기야'라는 뜻으로 연인이나 부부 사이에서 사용해요. 연인이 남자일 땐 Chéri, 여자일땐 Chérie라고 하면 됩니다. 발음은 같아요.

6 **Chouchou :** 듣기만 해도 귀여운 느낌의 단어죠? '귀염둥이'라는 뜻이고, 애정을 담아 부를 때 사용해요. 재밌게도 chou는 양배추라는 뜻이랍니다. 정말 귀엽거나 예쁘고 사랑스러울 때 chou를 형용사로 사용하기도 해요.

> **Plus**
> 프랑스어에서는 '나의'라는 말을 붙여 애정을 표현하는 경우가 많아요. 5번과 6번에도 '나의'를 붙여서 Mon chéri/Ma chérie, Mon chouchou로 많이 사용합니다.

쉬어가며 문법도 살짝 볼까?

1, 2, 3, 4 번에서 모두 Mon을 사용했죠? '나의'라는 뜻을 가진 소유 형용사예요. 남성명사 앞에는 Mon을, 여성명사 앞에는 Ma를, 복수명사 앞에는 Mes를 사용한답니다! amour, cœur, lapin, chaton 모두 남성명사이기 때문에 Mon이 사용되었어요.

*모음으로 시작하는 여성명사 앞에는 발음의 편의를 위해 Ma가 아닌, Mon을 사용해요! 예를 들어 ami (친구)에 e를 붙여 "여성인 친구"를 뜻하는 amie는 ma amie [마 아미] 가 아닌 mon amie [모나미] 라고 말합니다! 발음이 훨씬 쉬워졌죠?

Je로 나에 대해 표현하기

이런 말을 할 수 있어요

#나는 수지야 #나는 배고파 #나는 요리를 해 #나는 음악을 좋아해
#나는 케이크를 먹어 #나는 커피를 마셔 #나는 유튜브를 봐 #나는 일하러 가
#나는 빵을 먹고 싶어 #나는 요리할 수 있어 #나는 청소해야 해
+ 프랑스어 욕

PART 2에서는 나의 이름, 상태, 좋아하는 것, 취미생활 등

'나'를 설명하는 표현들을 배워볼 거예요.

언어를 배울 때, 나에 대해 먼저 말해 보면

그 언어를 더 빠르게 습득할 수 있답니다.

주어 '나'는 프랑스어로 'Je'입니다.

(Je 발음은 강의에서 자세히 알려드릴게요.)

이번 파트부터는 회화 표현과 그 속의 문법 요소도 알아볼 거예요.

처음에는 문법이 복잡하게 느껴질 수도 있지만

이해를 돕기 위한 것일 뿐, 외워야 하는 것은 아니랍니다.

이번 파트를 제대로 끝내면 PART 3, PART 4는

훨씬 수월하게 공부하는 여러분을 발견하실 거예요!

시간이 지날수록 받아들일 수 있는 양이 늘거든요.

그럼 이제 시작해 볼까요?

C'est parti !

6과

학습일 :   월   일

나는 수지야.

쥬   쏘이   수지
Je suis Suzy.

🎧 6-0.mp3 　　무방비 상태로 3번씩 들어 보기 👂　　무슨 뜻일까요?

Je suis Suzy.

Je suis Coréen(ne).

Je suis professeur.

나의 이름, 국적, 직업 등을 말할 수 있어요.

책을 펼치고
동영상 강의를 보면서
학습을 시작합니다.

동영상 강의 보기　　mp3 파일 듣기

직접 말해 보기 : 입과 표정 준비 완료!

🎧 6-1.mp3

나는 ~야.

쥬   쑤이
Je suis ~.

자기소개를 위한 많은 표현들이 있지만, Je suis 하나만으로도 나에 대한 다양한 정보를 전할 수 있어요. 이런 간단한 패턴을 잘 활용하는 것이 언어를 잘하는 지름길입니다! Je suis를 여러 번 연습해서 입에 붙여 보세요.

Je suis Suzy. 나는 수지야.
[쥬 쑤이 수지]

Je suis Coréen(ne)*. 나는 한국인이야.
[쥬 쑤이 꼬헤앙(꼬헤엔ㄴ)]

Je suis professeur. 나는 교사야.
[쥬 쑤이 프호페(f)쐬]

단어 | Je 나 (주어) | être ~이다 (영어의 be동사) | Coréen(ne) 한국인 | professeur 선생님

Tip
– 여러분이 남성이면 Coréen, 여성이면 Coréenne을 사용합니다.
– 프랑스어에는 영어에 없는 알파벳 (é, è, à, ô, ç 등)이 있어요. 잘못 쓰면 완전히 다른 뜻이 되기도 하니 주의하세요.

문장 파헤치기 : 파헤치면 이해된다!

문법 확인하기

주어　　동사　　　보어

Je + suis + _____.

être 동사의 변화

프랑스어의 être 동사는 '～이다'라는 의미로, 영어의 be 동사와 비슷해요. 영어 be 동사가 주어에 따라 am/are/is로 바뀌듯이, être 동사도 주어 Je와 만나면 suis로 변합니다.

명사의 남성형/여성형

성별에 따라 모양이 바뀌는 명사들이 있어요. 사람(국적, 직업 등)을 나타내는 명사들은 여성을 지칭할 때 단어 끝에 e를 붙입니다.

- (남) Français (여) Française 프랑스인
  (남) étudiant (여) étudiante 대학생
  (남) Coréen (여) Coréenne 한국인
  *n으로 끝나는 명사를 여성형으로 만들 땐, n을 한번 더 써주고 e를 붙입니다.

professeur(선생님)나 journaliste(기자)처럼 남성/여성 구분 없이 쓰는 명사도 있습니다.

발음 클리닉 강의 또는 음성을 들으면서 따라하면 더 쉬워요!

Coréen(ne) [꼬헤앙(꼬헤엔느)]	**professeur** [프호페(f)쐬]
r는 부드러운 [ㅎ]로 발음합니다. é는 언제나 [에]로 발음하면 됩니다. en이 단어 끝에 위치한 경우 [앙]으로 발음합니다.	r을 부드러운 [ㅎ]로 발음하며, sseur는 [쐬]를 툭 내뱉듯 아주 가볍게 발음합니다.

패턴 연습: 단어를 바꿔가며 말해 보자!

🎧 6-2.mp3

나는 ☐ 야.

쥬 쒸이
Je suis ☐ .

① ⁽남⁾**Français**　⁽여⁾**Française**　　나는 프랑스인이야.
　　[프(f)헝쎄]　　　[프(f)헝쎄즈]

② ⁽남⁾**Japonais**　⁽여⁾**Japonaise**　　나는 일본인이야.
　　[쟈뽀네]　　　　[쟈뽀네즈]

③ ⁽남⁾**étudiant**　⁽여⁾**étudiante**　　나는 대학생이야.
　　[에뜌디엉]　　　[에뜌디엉뜨]

④ **journaliste**　＊이 단어는 성별 구분이 없어요!　나는 기자야.
　　[쥬흐날리스뜨]

단어　Français(e) 프랑스인 | Japonais(e) 일본인 | étudiant(e) 학생 | journaliste 기자

Tip　국적을 말할 땐 첫 알파벳을 대문자로 씁니다.

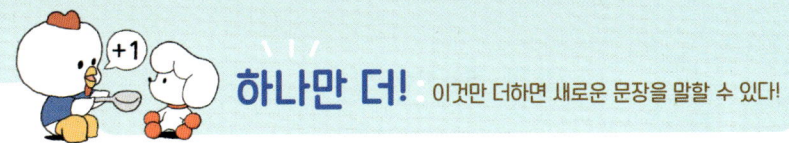 **하나만 더!** 이것만 더하면 새로운 문장을 말할 수 있다!

🎧 6-3.mp3

나는 ~이 아니야.

쥬 느 쑤이 빠
Je ne suis pas ~.

부정문도 만들어 보아요.
프랑스어에서는 동사의 양 옆에 ne와 pas를 놓으면, 부정문을 만들 수 있어요.
이 문장에서 동사는 suis 이기 때문에 ne + suis + pas로 말하면 된답니다!

Je ne suis pas Suzy.
[쥬 느 쑤이 빠 수지]

나는 수지가 아니야.

Je ne suis pas Japonais(e).
[쥬 느 쑤이 빠 쟈뽀네(즈)]

나는 일본인이 아니야.

Je ne suis pas étudiant(e).
[쥬 느 쑤이 빠 에뜌디엉(뜨)]

나는 대학생이 아니야.

 Tip 일상 생활에서는 ne를 빼고, 동사 + pas 로만 간단하게 부정문을 만듭니다.
  예) Je suis pas journaliste. 나는 기자가 아니야.
  예) Je suis pas Français(e). 나는 프랑스인이 아니야.

문제로 확인하기 : 이해도를 점검해 보자!

1. être 동사가 주어 Je와 만날 때 어떻게 변하는지, 주어와 함께 써 보세요.

→ _____

2. 다음 단어들을 순서에 맞게 배열하세요. (동사는 주어에 맞게 변형시키세요.)

① être / Je / Suzy → _____ (나는 수지야.)

② Coréenne / Je / être → _____ (나는 한국인(여성)이야.)

③ Je / journaliste / être → _____ (나는 기자야.)

3. 〈보기〉의 단어를 활용하여 문장을 만드세요.

Française	Japonais	étudiant	journaliste
Français	Japonaise	étudiante	professeur

① 나는 프랑스인(여성)이야. → _____.

② 나는 일본인(남성)이야. → _____.

③ 나는 대학생(여성)이 아니야. → _____.

④ 나는 기자가 아니야. → _____.

7과

학습일 :   월   일

나는 배고파.

쮀   빵(f)
J'ai faim.

🎧 7-0.mp3   무방비 상태로 3번씩 들어 보기 👂   무슨 뜻일까요?

J'ai faim.

J'ai soif.

J'ai peur.

나의 상태에 대해 표현할 수 있어요.

책을 펼치고
동영상 강의를 보면서
학습을 시작합니다.

 동영상 강의 보기   ×   mp3 파일 듣기   ×

직접 말해 보기 입과 표정 준비 완료!

🎧 7-1.mp3

나는 ~해.

쉐
J'ai ~.

J'ai 는 원래 '나는 ~을 가지고 있다'는 뜻이에요.
하지만 나의 신체 상태를 표현할 때도 사용하는 표현입니다!
이 표현을 사용해 다양한 상태에 대해 말해 볼까요?

J'ai faim. 나 배고파.
[쉐 빵(f)]

J'ai soif. 나 목말라.
[쉐 쑤와f]

J'ai peur. 나 무서워.
[쉐 쁴ㅎ]

 단어   avoir ~을 가지다(영어의 have동사) | 우 faim 굶주림, 허기 | 우 soif 갈증, 목마름 | 우 peur 두려움

문장 파헤치기 : 파헤치면 이해된다!

문법 확인하기

주어　　동사　　목적어

J' + ai _____ .

avoir 동사의 변화

프랑스어의 avoir 동사는 '가지다'라는 의미로, 영어의 have 동사와 비슷해요. avoir 동사는 변화의 형태가 조금 불규칙한 편이에요. 주어 Je와 만났을 때는 ai로 변한답니다. 그리고 Je + ai 와 같이, 모음과 모음이 서로 만났을 땐 편하게 발음하기 위해 J'ai로 축약해서 말해요.

avoir + 명사

avoir 동사로 신체의 상태를 표현해요. 나의 신체가 배고픔, 목마름, 무서움 등을 '가지고 있다'고 말하는 것이죠! 우리와 표현하는 방식이 아주 다르죠? 굳어진 관용 표현이기 때문에 명사 앞에 관사를 사용하지 않아요.

발음 클리닉　강의 또는 음성을 들으면서 따라하면 더 쉬워요!

faim [빵(f)]	**peur** [쁴ㅎ]
[빰]이 아닌 [빵]으로 발음합니다. 프랑스어에서는 im과 aim을 모두 [앙]으로 발음합니다.	입을 조금 벌리면서, 가볍게 툭 내뱉듯 [쁴ㅎ]를 발음합니다.

패턴 연습 : 단어를 바꿔가며 말해 보자!

🎧 7-2.mp3

나는 ☐.

쥐
J'ai ☐.

① **chaud**   나 더워.
[쇼]

② **froid**   나 추워.
[프(f)후와]

③ **mal**   나 아파.
[말]

④ **sommeil**   나 졸려.
[쏘메이]

단어   avoir chaud 덥다 | avoir froid 춥다 | avoir mal 아프다 | avoir sommeil 졸리다

 **하나만 더!** 이것만 더하면 새로운 문장을 말할 수 있다!

🎧 7-3.mp3

나는 너무 배고파.

쉐 트호 빵(f)
J'ai trop faim.

나의 상황을 강조해 볼까요? 실제로 이런 상태를 이야기할 때, 부사를 정말 많이 사용하죠!
J'ai 뒤에 trop만 넣으면 강조 표현으로 만들 수 있답니다.
7과에서 배운 모든 표현에 적용할 수 있습니다.

J'ai trop chaud.
[쉐 트호 쇼]

나는 너무 더워.

J'ai trop froid.
[쉐 트호 프(f)후와]

나는 너무 추워.

J'ai trop mal.
[쉐 트호 말]

나는 너무 아파.

 Tip 문장을 강조할 때 trop 외에도, très[트헤]와 vraiment[브(v)헤멍]을 사용할 수 있어요.
   예 J'ai très soif. 나는 정말 목말라.
   예 J'ai vraiment peur. 나는 정말 무서워.

문제로 확인하기 : 이해도를 점검해 보자!

1. avoir 동사가 주어 Je와 만날 때 어떻게 변하는지, 주어와 함께 써 보세요.

➡ _____

2. 다음 단어들을 순서에 맞게 배열하세요. (동사는 주어에 맞게 변형시키세요.)

❶ avoir / Je / faim   ➡ _____ (나 배고파.)

❷ soif / Je / avoir   ➡ _____ (나 목말라.)

❸ Je / peur / avoir   ➡ _____ (나 무서워.)

3. 〈보기〉의 단어를 활용하여 문장을 만드세요.

mal	trop	chaud
froid		sommeil

❶ 나는 더워.   ➡ _____.

❷ 나는 너무 추워.   ➡ _____.

❸ 나는 졸려.   ➡ _____.

❹ 나는 너무 아파.   ➡ _____.

8과

학습일 :   월   일

나는 요리를 해.

쥬 페(f) 라 뀌진
Je fais la cuisine.

🎧 8-0.mp3   무방비 상태로 3번씩 들어 보기 👂   무슨 뜻일까요?

Je fais la cuisine.

Je fais le ménage.

Je fais les courses.

내가 하고 있는 것에 대해 표현할 수 있어요.

책을 펼치고
동영상 강의를 보면서
학습을 시작합니다.

      동영상 강의 보기   mp3 파일 듣기

직접 말해 보기 입과 표정 준비 완료!

🎧 8-1.mp3

나는 ~을 해.

쥬   페(f)
Je fais ~.

'Je fais ~' 는 '나는 ~을 한다' 또는 '나는 ~을 만든다' 라는 뜻입니다.
전자의 의미일 때, 내가 현재 하고 있는 것, 취미 활동, 운동 등
다양한 활동에 대해서 이야기할 수 있습니다.

Je fais la cuisine. 　　　　　　　　　　　나는 요리를 해.
[쥬 페(f) 라 뀌진]

Je fais le ménage. 　　　　　　　　　　　나는 청소를 해.
[쥬 페(f) 르 메나쥬]

Je fais les courses. 　　　　　　　　　　　나는 장을 봐.
[쥬 페(f) 레 꾹스]

단어　**faire** 하다/만들다 ｜ ♀ **la cuisine** 요리 ｜ ♂ **le ménage** 청소, 집안일 ｜ **les courses** 장보기

Tip　les courses(장보기)를 단수형으로 바꾸면 어떻게 될까요? 단수형은 la course인데, 뜻은 '달리기'로 복수형과 완전히 다른 의미를 가지니 주의하세요!

문법 확인하기

주어　　　동사　　　　목적어

Je + fais + _____ .

faire 동사의 변화
프랑스어의 faire 동사는 '하다/만들다'라는 의미입니다. '하다'라는 의미로 쓰일 땐 영어의 do 동사와 비슷해요. faire 동사가 주어 Je와 만나면 fais로 변한답니다.

정관사 (le, la, les)
앞의 대화에서 언급한 것이나 일반적인 것 또는 유일한 것을 지칭할 때 사용하는 관사예요. 대상을 특정 지어 말할 때나 일반적인 대상을 가리키는 명사 앞에 쓰이며, 영어의 the와 비슷해요.

남성 단수명사 앞	여성 단수명사 앞	(남성, 여성) 복수명사 앞
le	la	les

* 모음이나 묵음 h로 시작하는 명사 앞에서는 축약하여 l'로 사용합니다. (🔊) l'air [레ㅎ] 공기

발음 클리닉　강의 또는 음성을 들으면서 따라하면 더 쉬워요!

ménage [메나쥬]
é는 [에]로, e는 [으]로 발음합니다. ge를 부드럽게 흘려주듯 발음합니다.

courses [꾹스]
r은 [ㅎ]발음을 가지고 있지만, 단어 속에서 뒤에 바로 s가 올 경우 ㄱ받침으로 발음합니다. 그리고 단어 끝의 자음 s는 발음하지 않습니다.

패턴 연습 : 단어를 바꿔가며 말해 보자!

🎧 8-2.mp3

나는 ☐을 해.

쥬   페(f)
Je fais ☐.

① **du pilates**
[듀 삘라뜨]
나는 필라테스를 해.

② **du vélo**
[듀 벨(v)로]
나는 자전거를 타.

③ **la vaisselle**
[라 베(v)쎌]
나는 설거지를 해.

④ **un tour**
[앙 뚜흐]
나는 산책을 해.

단어 **faire du pilates** 필라테스를 하다 | **faire du vélo** 자전거를 타다 | ♀ **la vaisselle** 설거지
♂ **un tour** 산책(한 바퀴 돌기)

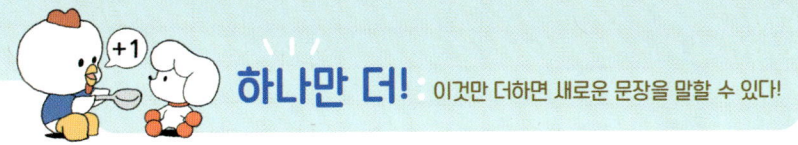

하나만 더! 이것만 더하면 새로운 문장을 말할 수 있다!

🎧 8-3.mp3

나는 집에서 요리를 해.
쥬   페(f)   라   퀴진   쉐   무아
Je fais la cuisine chez moi.

'집에서' 라는 의미를 넣고 싶으면, 문장 뒤에 chez moi만 붙이면 됩니다.
집에서 하는 모든 활동에 이 표현을 넣을 수 있겠죠?

Je fais le ménage chez moi.   나는 집에서 청소해.
[쥬 페(f) 르 메나쥬 쉐 무아]

Je fais du pilates chez moi.   나는 집에서 필라테스를 해.
[쥬 페(f) 듀 삘리뜨 쉐 무아]

Je fais la vaisselle chez moi.   나는 집에서 설거지를 해.
[쥬 페(f) 라 베(v)쎌 쉐 무아]

 Tip chez는 '~의 집에서'라는 뜻입니다. 다른 사람의 집을 표현하고 싶을 땐 뒤에 인칭 대명사나 이름만 넣으면 됩니다.

예) chez mes parents [쉐 메 빠헝] 부모님 집에서
예) chez Paul [쉐 뽈] 폴의 집에서

문제로 확인하기 : 이해도를 점검해 보자!

1. faire 동사가 주어 Je와 만날 때 어떻게 변하는지, 주어와 함께 써 보세요.

➡ _____

2. 다음 단어들을 순서에 맞게 배열하세요. (동사는 주어에 맞게 변형시키세요.)

❶ faire / Je / cuisine / la ➡ _____ (나는 요리를 해.)

❷ ménage / le / Je / faire ➡ _____ (나는 청소를 해.)

❸ courses / Je / faire / les ➡ _____ (나는 장을 봐.)

3. 〈보기〉의 단어를 활용하여 문장을 만드세요.

du vélo	du pilates	un tour
chez moi		la vaisselle

❶ 나는 집에서 필라테스를 해. ➡ _____.

❷ 나는 자전거를 타. ➡ _____.

❸ 나는 집에서 설거지를 해. ➡ _____.

❹ 나는 산책을 해. ➡ _____.

9과

학습일 : 　　월　　일

나는 음악을 좋아해.

젬　　라　　뮤지끄
J'aime la musique.

🎧 9-0.mp3　　　무방비 상태로 3번씩 들어 보기 👂　　　무슨 뜻일까요?

J'aime la musique.

J'aime le printemps.

J'aime les légumes.

내가 좋아하는 것에 대해 표현할 수 있어요.

책을 펼치고
동영상 강의를 보면서
학습을 시작합니다.

직접 말해 보기 : 입과 표정 준비 완료!

🎧 9-1.mp3

나는 ~을 좋아해.

젬
J'aime ~.

'J'aime~'은 '나는 ~을 좋아한다' 라는 뜻입니다.
길을 가다 마음에 드는 것을 보고 말할 때도 사용할 수 있고,
내가 좋아하는 것에 대해 이야기 할 때도 쓸 수 있습니다.

J'aime la musique. 나는 음악을 좋아해.
[쩸 라 뮤지끄]

J'aime le printemps. 나는 봄을 좋아해.
[쩸 르 쁘항떵]

J'aime les légumes. 나는 채소를 좋아해.
[쩸 레 레귬]

단어 aimer ~을 좋아하다 | ♀ la musique 음악 | ♂ le printemps 봄 | ♂ le légume 채소

Tip **les légumes** : 특정 채소 하나가 아닌, 대부분의 채소를 좋아한다는 의미로 쓰였기 때문에 복수형으로 사용되었습니다.

문장 파헤치기 : 파헤치면 이해된다!

문법 확인하기

주어　　　동사　　　목적어

J' + aime +_____ .

aimer 동사의 변화

aimer 동사는 '좋아하다'라는 의미로, 영어의 like 동사와 비슷해요. aimer 동사가 주어 Je와 만났을 때는 aime로 변한답니다. 무언가를 좋아한다거나, 마음에 든다는 표현을 하고 싶을 때 J'aime 뒤에 원하는 단어만 넣으면 되겠죠!

J'aime + 명사 또는 동사원형

J'aime 뒤에는 명사가 올 수도 있지만, 동사원형을 사용해도 됩니다. 동사원형이 오면 '~하는 것을 좋아한다'가 됩니다.

예) J'aime chanter. 나는 노래하는 것을 좋아해. (chanter [셩떼] : 노래하다)

발음 클리닉   강의 또는 음성을 들으면서 따라하면 더 쉬워요!

musique [뮤지끄]	**printemps** [프항떵]
u는 '우' 입모양에 [이]를 발음합니다. s가 모음과 모음 사이에 있을 땐 [z] 소리로 발음합니다. que는 가볍게 ㄲ 소리를 내면 됩니다.	프랑스어에서 in은 [앙] 소리가 납니다. 거의 [팡떵] 발음과 비슷할 만큼, r에 큰 비중을 두지 않는 것이 자연스러워요. 단어 끝의 ps는 발음하지 않습니다.

패턴 연습 : 단어를 바꿔가며 말해 보자!

🎧 9-2.mp3

나는 ☐ 걸(을) 좋아해.

쥄
J'aime ☐ .

aimer 동사 뒤에는 명사뿐만 아니라, 동사도 올 수 있습니다.
동사를 사용할 땐, 동사원형을 그대로 넣어주면 됩니다.

❶ **voyager**
[봐(v)이야줴]

나는 여행하는 걸 좋아해.

❷ **lire**
[리ㅎ]

나는 책 읽는 걸 좋아해.

❸ **écouter de la musique**
[에꾸떼 들라 뮤지끄]

나는 음악 듣는 걸 좋아해.

❹ **faire du sport**
[페(f)ㅎ 듀 스뽀ㅎ]

나는 운동하는 걸 좋아해.

단어 voyager 여행하다 ｜ lire 읽다, 책을 읽다 ｜ écouter de la musique 음악을 듣다 ｜ faire du sport 운동하다

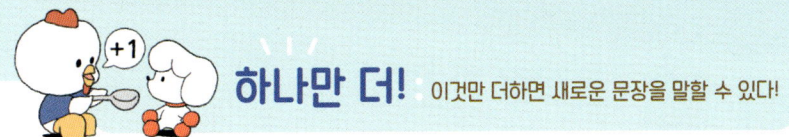

하나만 더! 이것만 더하면 새로운 문장을 말할 수 있다!

🎧 9-3.mp3

나는 음악을 정말 좋아해.

쳄   보꾸   라   뮤지끄
J'aime beaucoup la musique.

좋아하는 것을 강조하고 싶을 땐 J'aime 뒤에 beaucoup만 넣으면 됩니다!
정말 좋아하는 것이 있을 때, 이렇게 말해 보세요.
영어에서의 'I really like ~'의 느낌과 비슷하죠!

J'aime beaucoup le printemps.   나는 봄을 정말 좋아해.
[쳄 보꾸 르 ㅍ항떵]

J'aime beaucoup voyager.   나는 여행하는걸 정말 좋아해.
[쳄 보꾸 봐(v)이야줴]

J'aime beaucoup faire du sport.   나는 운동하는걸 정말 좋아해.
[쳄 보꾸 페(f)ㅎ 듀 스뽀ㅎ]

Tip 비슷한 표현으로, bien[비앙]을 사용할 수도 있습니다. bien은 beaucoup보다는 약한 강조 표현입니다.

- J'aime bien la musique. 나 음악 참 좋아해.
- J'aime bien voyager. 나 여행하는 거 참 좋아해.

67

문제로 확인하기 : 이해도를 점검해 보자!

1. aimer 동사가 주어 Je와 만날 때 어떻게 변하는지, 주어와 함께 써 보세요.

➡ _____

2. 다음 단어들을 순서에 맞게 배열하세요. (동사는 주어에 맞게 변형시키세요.)

① aimer / Je / musique / la ➡ _____ (나는 음악을 좋아해.)

② printemps / le / Je / aimer ➡ _____ (나는 봄을 좋아해.)

③ Je / légumes / les / aimer ➡ _____ (나는 채소를 좋아해.)

3. 〈보기〉의 단어를 활용하여 문장을 만드세요.

lire	beaucoup	voyager
écouter de la musique		faire du sport

① 나는 여행하는 걸 좋아해. ➡ _____ .

② 나는 책 읽는 걸 정말 좋아해. ➡ _____ .

③ 나는 음악 듣는 걸 정말 좋아해. ➡ _____ .

④ 나는 운동하는 걸 좋아해. ➡ _____ .

10과

나는 케이크를 먹어.

쥬　멍쥬　앙　갸또
Je mange un gâteau.

🎧 10-0.mp3　　무방비 상태로 3번씩 들어 보기 👂　　무슨 뜻일까요?

Je mange un gâteau.

Je mange une glace.

Je mange des noix.

내가 먹고 있는 것을 표현할 수 있어요.

직접 말해 보기 입과 표정 준비 완료!

🎧 10-1.mp3

나는 ~을 먹어.

쥬 멍쥬
Je mange ~.

무언가를 먹는 것은 우리 일상과 떼어놓을 수 없죠?
'Je mange ~'는 '나는 ~을 먹는다' 라는 뜻입니다.
내가 먹고 있는 것에 대해서 이야기할 수 있습니다.

Je mange un gâteau. 나는 케이크를 먹어.
[쥬 멍쥬 앙 갸또]

Je mange une glace. 나는 아이스크림을 먹어.
[쥬 멍쥬 윈 글라쓰]

Je mange des noix. 나는 견과류를 먹어.
[쥬 멍쥬 데 누와]

단어 manger 먹다 | ♂ un gâteau 케이크 | ♀ une glace 아이스크림 | des noix 견과류

Tip 특정 음식이 아닌 단순히 케이크 하나, 아이스크림 하나, 견과류를 먹는다고 표현했기 때문에 정관사가 아닌 부정관사 (un, une, des)를 사용했습니다.

문장 파헤치기 : 파헤치면 이해된다!

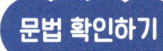

주어   동사   목적어

Je + mange + _____ .

manger 동사의 변화

manger 동사는 '먹다'라는 의미로, 영어의 eat 동사와 비슷해요. manger 동사가 주어 Je와 만났을 때는 mange로 변한답니다. Je mange 뒤에 내가 평소에 먹는 것, 현재 먹고 있는 것을 말하면 됩니다. 된장찌개, 김치, 비빔밥 등 우리 음식은 그대로 말해 보세요.

부정관사 (un, une, des)

영어의 a, an처럼 특정되지 않은, 셀 수 있는 명사 앞에서 사용되는 관사예요. un, une은 '하나, 한 개'를 뜻하기도 한답니다.

남성 단수명사 앞	여성 단수명사 앞	(남성, 여성) 복수명사 앞
un	une	des

* 셀 수 없는 명사(액체 등)라도, '~한 잔', '~한 조각' 등으로 사용하는 경우도 있습니다.
예) un cappuccino [앙 꺄뿌치노] 카푸치노 한 잔

발음 클리닉   강의 또는 음성을 들으면서 따라하면 더 쉬워요!

gâteau [갸또]	**noix** [누와]
â와 a의 발음은 같습니다. g와 a/â가 만날 땐, [가]가 아닌 [갸]로 발음합니다. gâteau의 eau는 [오]로 발음합니다.	oi는 [우와]로 발음합니다. 단어 끝의 자음 x는 발음하지 않습니다.

패턴 연습 : 단어를 바꿔가며 말해 보자!

🎧 10-2.mp3

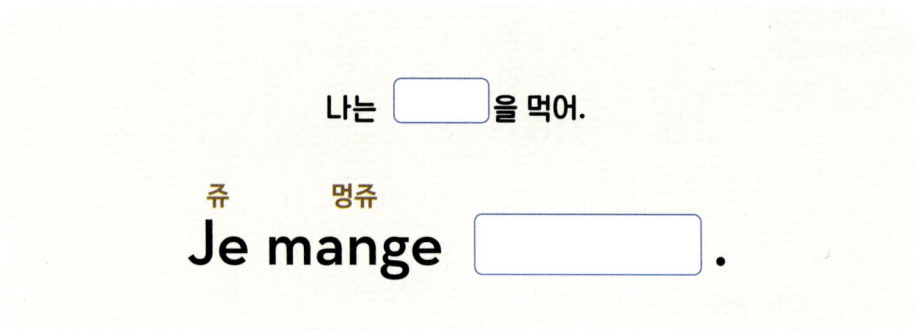

나는 ▢을 먹어.

쥬   멍쥬
Je mange ▢.

① **le petit-déjeuner**
[르 쁘띠 데쥬네]

나는 아침을 먹어.

② **le dîner**
[르 디네]

나는 저녁을 먹어.

③ **un snack**
[앙 스낵]

나는 간식을 먹어.

④ **une banane**
[윈 바난느]

나는 바나나를 먹어.

단어 ♂ le petit-déjeuner 아침식사 | ♂ le dîner 저녁식사 | ♂ un snack 간식
♀ une banane 바나나

Tip le petit-déjeuner(아침식사)에서 petit를 떼면 점심식사(le déjeuner[르 데쥬네])가 됩니다.

하나만 더! 이것만 더하면 새로운 문장을 말할 수 있다!

🎧 10-3.mp3

나는 매일 아이스크림을 먹어.
Je mange une glace tous les jours.
[쥬 멍쥬 윈 글라쓰 뚤 레 쥬흐]

'매일'이라고 말하고 싶을 땐 'tous les jours'만 넣으면 됩니다!
여러분이 매일 먹는 것이 있나요? tous les jours를 사용해 말해 보세요!

Je mange des noix tous les jours.
[쥬 멍쥬 데 누와 뚤레쥬흐]
나는 매일 견과류를 먹어.

Je mange le petit-déjeuner tous les jours.
[쥬 멍쥬 르 쁘띠데쥬네 뚤레쥬흐]
나는 매일 아침을 먹어.

Je mange une banane tous les jours.
[쥬 멍쥬 윈 바난ㄴ 뚤레쥬흐]
나는 매일 바나나를 먹어.

Plus

presque tous les jours
'거의 매일'이라는 표현도 많이 쓰죠!
'거의'라는 의미의 presque를 추가해서 presque tous les jours[프헤스끄 뚤레쥬흐]라고 말하면 됩니다.
예) Je mange le petit-déjeuner presque tous les jours. 나는 거의 매일 아침을 먹어.

문제로 확인하기 : 이해도를 점검해 보자!

1. manger 동사가 주어 Je와 만날 때 어떻게 변하는지, 주어와 함께 써 보세요.

➡

2. 다음 단어들을 순서에 맞게 배열하세요. (동사는 주어에 맞게 변형시키세요.)

① manger / Je / gâteau / un

➡ _____ (나는 케이크를 먹어.)

② glace / une / manger / Je

➡ _____ (나는 아이스크림을 먹어.)

③ des / manger / Je / noix

➡ _____ (나는 견과류를 먹어.)

3. 〈보기〉의 단어를 활용하여 문장을 만드세요.

un snack	le dîner	le petit-déjeuner
tous les jours		une banane

① 나는 아침을 먹어.   ➡ _____.

② 나는 저녁을 먹어.   ➡ _____.

③ 나는 매일 간식을 먹어.   ➡ _____.

④ 나는 매일 바나나를 먹어.   ➡ _____.

11과

학습일 :   월   일

나는 커피를 마셔.

쥬   부와   듀   꺄페(f)
Je bois du café.

🎧 11-0.mp3   무방비 상태로 3번씩 들어 보기 👂   무슨 뜻일까요?

Je bois du café.

Je bois du thé.

Je bois de la bière.

내가 마시고 있는 것을 표현할 수 있어요.

책을 펼치고
동영상 강의를 보면서
학습을 시작합니다.

 동영상 강의 보기 ✕   mp3 파일 듣기 ✕

직접 말해 보기 : 입과 표정 준비 완료!

🎧 11-1.mp3

나는 ~을 마셔.

쥬   부와
Je bois ~.

'무언가를 마신다' 역시, 우리가 자주 사용하는 표현 중 하나예요.
'Je bois ~'는 '나는 ~을 마신다'라는 뜻입니다.
이 표현으로 내가 마시고 있는 것에 대해서 이야기해 봅시다.

Je bois du café.
[쥬 부와 듀 꺄페(f)]

나는 커피를 마셔.

Je bois du thé.
[쥬 부와 듀 떼]

나는 차를 마셔.

Je bois de la bière.
[쥬 부와 들라 비에흐]

나는 맥주를 마셔.

단어 boire 마시다 | ☕ du café 커피 | 🍵 du thé 차(tea) | 🍺 de la bière 맥주

Tip du/de la 대신에 un/une을 사용하면 '~한 잔'으로 표현할 수 있습니다.
  예 Je bois un café. 난 커피 한 잔을 마셔.
  예 Je bois une bière. 난 맥주 한 잔을 마셔.

문장 파헤치기 : 파헤치면 이해된다!

문법 확인하기

주어　　　동사　　　　목적어

Je + bois + _____ .

boire 동사의 변화
boire 동사는 '마시다'라는 의미로, 영어의 drink 동사와 비슷해요. boire 동사가 주어 Je와 만났을 때는 bois로 변한답니다. Je bois 뒤에 내가 평소에 마시는 것, 현재 마시고 있는 것을 말하면 됩니다.

부분관사(du, de la, des)
셀 수 없는 명사(액체나 가루 등)나 추상 명사 앞에서 사용합니다.

남성 단수명사 앞	여성 단수명사 앞	(남성, 여성) 복수명사 앞
du (de l')	de la (de l')	des

* 모음이나 묵음 h로 시작하는 남성, 여성 단수명사 앞에서는 축약하여 de l'로 사용합니다. (예) de l'eau [들 로] 물)

발음 클리닉   강의 또는 음성을 들으면서 따라하면 더 쉬워요!

bois [부와]

bois에서 s는 발음하지 않습니다. 프랑스어에서 oi는 [우와]로 발음하면 됩니다.

bière [비에흐]

뒤에 있는 re는 발음이 약해집니다. [비엑]의 느낌이 날 정도로 약하게 발음해도 됩니다.

77

패턴 연습 : 단어를 바꿔가며 말해 보자!

🎧 11-2.mp3

(나는) ☐을 마셔.

쥬   부와
Je bois ☐ .

❶ **un chocolat chaud**
[앙 쇼꼴라 쇼]

핫초코 한 잔을 마셔.

❷ **un jus de fruit**
[앙 쥐 드 프(f)후이]

과일 주스 한 잔을 마셔.

❸ **un cappuccino**
[앙 꺄뿌치노]

카푸치노 한 잔을 마셔.

❹ **de l'alcool**
[드 랄꼴]

술을 마셔.

단어 ↟ un chocolat chaud 핫초코 | ↟ un jus de fruit 과일주스 | ↟ un cappuccino 카푸치노 |
↟ de l'alcool 술

Tip ♀ de l'eau [들로] 물
 예 Je bois de l'eau. 나는 물을 마셔.

하나만 더! 이것만 더하면 새로운 문장을 말할 수 있다!

🎧 11-3.mp3

나는 아침에 커피를 마셔.

쥬   부와   듀   꺄페(f)   르   마땅
Je bois du café le matin.

'아침에'라는 말을 하고 싶을 땐 'le matin'만 넣으면 됩니다!
평상시 아침마다 마시는 것이 있다면 le matin을 사용해 말해 보세요.

Je bois du thé le matin.
[쥬 부와 듀 떼 르 마땅]

나는 아침에 차를 마셔.

Je bois un chocolat chaud le matin.
[쥬 부와 앙 쇼꼴라 쇼 르 마땅]

나는 아침에 핫초코 한 잔을 마셔.

Je bois un jus de fruit le matin.
[쥬 부와 앙 쥐 드 프(f)후이 르 마땅]

나는 아침에 과일 주스 한 잔을 마셔.

le soir [르 쑤와ㅎ] 저녁에
예 Je bois un cappuccino le soir. 나는 저녁에 카푸치노 한 잔을 마셔.

문제로 확인하기 : 이해도를 점검해 보자!

1. boire 동사가 주어 Je와 만날 때 어떻게 변하는지, 주어와 함께 써 보세요.

➡ _____

2. 다음 단어들을 순서에 맞게 배열하세요. (동사는 주어에 맞게 변형시키세요.)

❶ boire / Je / café / du ➡ _____ (나는 커피를 마셔.)

❷ thé / du / boire / Je ➡ _____ (나는 차를 마셔.)

❸ de la / boire / Je / bière ➡ _____ (나는 맥주를 마셔.)

3. 〈보기〉의 단어를 활용하여 문장을 만드세요.

un cappuccino	le matin	de l'alcool
un chocolat chaud		un jus de fruit

❶ 나는 과일 주스 한 잔을 마셔. ➡ _____ .

❷ 나는 술을 마셔. ➡ _____ .

❸ 나는 아침에 카푸치노 한 잔을 마셔. ➡ _____ .

❹ 나는 아침에 핫초코 한 잔을 마셔. ➡ _____ .

12과

나는 유튜브를 봐.

쥬 　　호갸흐드 　　유뚭
Je regarde Youtube.

🎧 12-0.mp3 　　무방비 상태로 3번씩 들어 보기 👂 　　무슨 뜻일까요?

Je regarde Youtube.

Je regarde la télé.

Je regarde un film.

내가 보고 있는 것을 표현할 수 있어요.

책을 펼치고
동영상 강의를 보면서
학습을 시작합니다.

 동영상 강의 보기 ×   mp3 파일 듣기 ×

직접 말해 보기 : 입과 표정 준비 완료!

🎧 12-1.mp3

나는 ~을 봐.

쥬　　호갸흐드
Je regarde ~.

'Je regarde ~'는 '나는 ~을 본다'라는 뜻입니다.
내가 보고 있는 것에 대해서 이야기할 수 있습니다.
영상물을 보는 것에 대해 말할 수 있고, 내가 지금 무엇을 보고 있는지 말할 수 있습니다.

Je regarde Youtube.　　　　　　　나는 유튜브를 봐.
[쥬 호갸흐드 유뜹]

Je regarde la télé.　　　　　　　나는 TV를 봐.
[쥬 호갸흐드 라 뗄레]

Je regarde un film.　　　　　　　나는 영화를 봐.
[쥬 호갸흐드 앙 핌(f)]

단어　regarder 보다 ｜ ♀ la télé 텔레비전 ｜ ♂ un film 영화

Tip　la télé는 la télévision의 약자로, 구어에서는 보통 la télé로 줄여 말합니다.

문장 파헤치기 : 파헤치면 이해된다!

문법 확인하기

주어　　　동사　　　　　목적어

Je + regarde + _____ .

regarder 동사의 변화

regarder 동사는 '보다'라는 의미로, 영어의 look, watch 동사와 비슷해요. regarder 동사가 주어 Je와 만났을 때는 regarde로 변한답니다. Je regarde 뒤에 내가 평소에 보는 것, 현재 보고 있는 것을 말하면 됩니다. 목적어 자리에 '넷플릭스'나 '유튜브' 등을 그대로 넣어서 말해 보세요!

"Je regarde."

뒤에 목적어 없이 "Je regarde."라고만 하면, 쇼핑할 때 "둘러보는 중이에요."라는 뜻으로 사용할 수 있습니다.

발음 클리닉 강의 또는 음성을 들으면서 따라하면 더 쉬워요!

regarde [흐갸흐드]	**Youtube** [유뜁]
앞의 re는 가볍게 발음하면 됩니다. ga는 [갸]로 발음합니다. 중간의 r 역시 부드럽게 발음합니다.	프랑스어에서 ou는 [우] 로 발음하고, u는 [우]와 [이]가 섞인 듯 발음합니다. 입을 쭉 내밀고 움직이지 않은 채 [이] 소리를 내면, 아주 유사하게 발음할 수 있습니다.

패턴 연습 : 단어를 바꿔가며 말해 보자!

🎧 12-2.mp3

나는 ▢을 봐.

쥬   흐갸흐드
Je regarde ▢ .

① **une vidéo**
[윈 비(v)데오]

나는 영상을 봐.

② **le ciel**
[르 씨엘]

나는 하늘을 봐.

③ **les photos**
[레 포(f)또]

나는 사진들을 봐.

④ **les infos**
[레 쟝포(f)]

나는 뉴스를 봐.

단어 ♀ une vidéo 영상 │ ♂ le ciel 하늘 │ ♀ la photo 사진 │ les infos 뉴스, 기사 (les informations의 약자)

하나만 더! 이것만 더하면 새로운 문장을 말할 수 있다!

🎧 12-3.mp3

나는 주말에 유튜브를 봐.

쥬 호갸흐드 유뜁 르 위껜ㄷ
Je regarde Youtube le week-end.

'주말에'라고 말하고 싶을 때 'le week-end'만 넣으면 됩니다! 여러분은 평상시 주말마다 보는 것이 있나요? 그렇다면, le week-end를 사용해 말해 보세요!

Je regarde la télé le week-end.
[쥬 호갸흐드 라 뗄레 르 위껜ㄷ]

나는 주말에 TV를 봐.

Je regarde un film le week-end.
[쥬 호갸흐드 앙 핌(f) 르 위껜ㄷ]

나는 주말에 영화를 봐.

Je regarde les infos le week-end.
[쥬 호갸흐드 레 쟝포(f) 르 위껜ㄷ]

나는 주말에 뉴스를 봐.

특정 요일마다 본다면 ? Le + 요일

월	화	수	목	금	토	일
lundi	mardi	mercredi	jeudi	vendredi	samedi	dimanche
[랑디]	[마흐디]	[멕크흐디]	[쥬디]	[벙(v)ㄷ흐디]	[쌈디]	[디멍슈]

📢 Je regarde un film le vendredi. 나는 금요일마다 영화를 봐.

문제로 확인하기 : 이해도를 점검해 보자!

1. regarder 동사가 주어 Je와 만날 때 어떻게 변하는지, 주어와 함께 써 보세요.

➡ _____

2. 다음 단어들을 순서에 맞게 배열하세요. (동사는 주어에 맞게 변형시키세요.)

① regarder / Je / Youtube ➡ _____ (나는 유튜브를 봐.)

② télé / la / regarder / Je ➡ _____ (나는 TV를 봐.)

③ film / regarder / Je / un ➡ _____ (나는 영화를 봐.)

3. 〈보기〉의 단어를 활용하여 문장을 만드세요.

le week-end	les infos	le ciel
les photos		une vidéo

① 나는 영상을 봐. ➡ _____.

② 나는 하늘을 봐. ➡ _____.

③ 나는 주말에 사진들을 봐. ➡ _____.

④ 나는 주말에 뉴스를 봐. ➡ _____.

13과

학습일 :   월   일

나는 일하러 가.

쥬   베(v)   오   트하바(v)이
Je vais au travail.

13-0.mp3 | 무방비 상태로 3번씩 들어 보기 | 무슨 뜻일까요?

Je vais au travail.

Je vais à la maison.

Je vais aux Champs-Elysées.

내가 가는 곳을 표현할 수 있어요.

책을 펼치고
동영상 강의를 보면서
학습을 시작합니다.

 동영상 강의 보기 × mp3 파일 듣기 ×

직접 말해 보기 : 입과 표정 준비 완료!

🎧 13-1.mp3

나는 ~에 가.

쥬 베(v)
Je vais ~.

하루 동안 화장실, 회사, 마트 등 가는 곳이 많죠! 그만큼 자주 사용하는 표현이에요.
'Je vais ~'는 '나는 ~에 간다'라는 뜻을 가지고 있습니다.
내가 가는 곳에 대해서 이야기할 수 있습니다.

Je vais au travail. 나는 일하러 가.
[쥬 베(v) 오 트하바(v)이]

Je vais à la maison. 나는 집에 가.
[쥬 베(v) 알라 메종]

Je vais aux Champs-Elysées. 나는 샹젤리제 거리에 가.
[쥬 베(v) 오 셩젤리제]

단어 ♂ le travail 일 ♀ la maison 집 les Champs-Elysées 샹젤리제 거리 à ~에

Tip 샹젤리제 거리(les Champs-Elysées)는 언제나 복수형으로 씁니다.

문장 파헤치기 : 파헤치면 이해된다!

문법 확인하기

주어 동사 전치사 장소

Je + vais + à + _____ .

aller 동사의 변화

aller 동사는 '가다'라는 의미로, 영어의 go 동사와 비슷해요. aller 동사가 주어 Je와 만났을 때는 vais로 변한답니다. aller 동사 뒤에는 주로 장소와 함께 쓰는 전치사 à가 자주 옵니다. aller à는 '~에 가다'가 되겠죠?

전치사 à (~에)와 + 정관사 (le, la, les) (8과 문법 참고 – p.59)

❶ à + le 의 경우, à le로 쓰지 않고 au로 축약해서 씁니다.
❷ à + la 의 경우, 그대로 à la로 씁니다.
❸ à + les의 경우, à les로 쓰지 않고 aux로 축약해서 씁니다.

* à 뒤에 모음이나 묵음 h로 시작하는 단어가 오면, 남성/여성 명사 상관 없이 상관 없이 à l'로 씁니다.
  예) à l'école [이 레꼴] 학교에서, à l'hôpital [아 로삐딸] 병원에서

발음 클리닉 강의 또는 음성을 들으면서 따라하면 더 쉬워요!

au, aux [오]	**maison** [메종]
au / aux는 언제나 [오]로 발음합니다.	ai는 [에]로 발음하고, s가 모음과 모음 사이에 있을 땐 [z] 소리로 발음합니다.

패턴 연습 : 단어를 바꿔가며 말해 보자!

🎧 13-2.mp3

나는 [　　] 에 가.

쥬   베(v)
Je vais [　　　　].

단어만 바꾸면 이런 말도 할 수 있어요! 전치사 à 뒤에 장소를 넣으면 됩니다.

① à la fac
[알라 팍(f)ㅋ]

나는 (대)학교에 가.

② au supermarché
[오 쒸뻬ㅎ막쉐]

나는 슈퍼마켓에 가.

③ à Paris
[아 빠히]

나는 파리에 가.

④ à la plage
[알라 쁠라쥬]

나는 바닷가에 가.

단어
- la fac (faculté의 줄임말) 학부, 단과대학
- le supermarché 슈퍼마켓, 마트
- Paris 파리
- la plage 바닷가

Tip 도시명 앞에는 관사를 쓰지 않습니다.
예) Je vais à Séoul. [쥬 베(v) 아 쎄울] 나는 서울에 가.

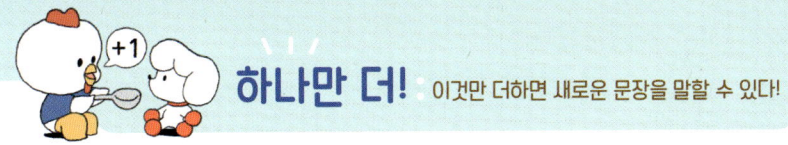

하나만 더! 이것만 더하면 새로운 문장을 말할 수 있다!

🎧 13-3.mp3

나는 오늘 일하러 가.

쥬   베(v)   오   트하바(v)이   오쥬ㅎ듀이
Je vais au travail aujourd'hui.

'오늘'이라는 말을 하고 싶을 땐 'aujourd'hui'만 넣으면 됩니다!
오늘 가는 곳이 있다면, aujourd'hui를 사용해 말해 보세요.

Je vais à Paris aujourd'hui.   나는 오늘 파리에 가.
[쥬 베(v) 아 빠히 오쥬ㅎ듀이]

Je vais à la fac aujourd'hui.   나는 오늘 (대)학교에 가.
[쥬 베(v) 알라 팍(f)ㅋ 오쥬ㅎ듀이]

Je vais à la plage aujourd'hui.   나는 오늘 바닷가에 가.
[쥬 베(v) 알라 쁠라쥬 오쥬ㅎ듀이]

'내일'이라는 단어는 demain[드망]입니다.
 Je vais à Paris demain. 나 내일 파리에 가.

문제로 확인하기
이해도를 점검해 보자!

1. aller 동사가 주어 Je와 만날 때 어떻게 변하는지, 주어와 함께 써 보세요.

➡ _____

2. 다음 단어들을 순서에 맞게 배열하세요. (동사는 주어에 맞게 변형시키세요.)

① aller / Je / travail / à / le   ➡ _____ (나는 일하러 가.)

② maison / la / aller / Je / à   ➡ _____ (나는 집에 가.)

③ les / Champs-Elysées / à / Je / aller

➡ _____ (나는 샹젤리제 거리에 가.)

3. 〈보기〉의 단어를 활용하여 문장을 만드세요.

Paris	le supermarché	aujourd'hui
à	la fac	la plage

① 나는 오늘 (대)학교에 가.   ➡ _____.

② 나는 슈퍼마켓에 가.   ➡ _____.

③ 나는 오늘 파리에 가.   ➡ _____.

④ 나는 바닷가에 가.   ➡ _____.

14과

학습일 :   월   일

나는 빵을 먹고 싶어.

쥬   브(v)   멍줴   듀   빵

Je veux manger du pain.

🎧 14-0.mp3   무방비 상태로 3번씩 들어 보기 👂   무슨 뜻일까요?

Je veux manger du pain.

Je veux boire une bière.

Je veux danser.

내가 원하는 것을 표현할 수 있어요.

책을 펼치고
동영상 강의를 보면서
학습을 시작합니다.

  ×   ×

동영상 강의 보기   mp3 파일 듣기

직접 말해 보기 입과 표정 준비 완료!

🎧 14-1.mp3

나는 ~을 하고 싶어.

쥬　브(v)
Je veux ~.

내가 지금 무엇을 원하고, 하고 싶은지 표현할 때가 정말 많죠.
'Je veux'는 '나는 ~을 원해/하고 싶어'라는 뜻입니다.
이 표현으로 내가 하고 싶은 것에 대해서 이야기해 봅시다.

Je veux manger du pain.　　　　나는 빵을 먹고 싶어.
[쥬 브(v) 멍줴 듀 빵]

Je veux boire une bière.　　　　나는 맥주를 한 잔 마시고 싶어.
[쥬 브(v) 부아ㅎ 윈 비에ㅎ]

Je veux danser.　　　　　　　　나는 춤을 추고 싶어.
[쥬 브(v) 덩쎄]

단어 vouloir 원하다 | manger 먹다 | 🍞 du pain 빵 | boire 마시다 | 🍺 une bière 맥주
danser 춤추다

Tip 무언가를 원하거나 하고 싶냐는 질문에, "Oui, je veux. [우이 쥬 브(v)]"라고 말하면 "응, 좋아(원해)."라는 대답이 됩니다.

문장 파헤치기 : 파헤치면 이해된다!

문법 확인하기

주어　　　동사　　　동사원형 / 명사

Je + veux + _____ .

vouloir 동사의 변화

vouloir 동사는 '원하다'라는 의미로, 영어의 want 동사와 비슷해요. vouloir 동사가 주어 Je와 만났을 때는 veux로 변한답니다. Je veux 뒤에 내가 원하는 것이나 하고 싶은 것을 말하면 됩니다!

vouloir + 동사원형 또는 명사

vouloir 동사 뒤에는 앞의 내용처럼 동사원형이 올 수도 있지만, 명사가 올 수도 있습니다. 명사가 올 경우에는 '~을 원한다'라는 뜻이 됩니다. '원한다'는 표현이 우리에게는 어색하지만, 프랑스어에서는 일반적인 표현 방법입니다.

예) Je veux un café. [쥬 브(v) 앙 까페(f)] 나는 커피 한 잔을 원해.

발음 클리닉　강의 또는 음성을 들으면서 따라하면 더 쉬워요!

veux [브(v)]	**danser** [덩쎄]
입을 양 옆으로 많이 벌리는 [브(v)]보다는, 입을 살짝만 벌려 [브(v)]를 발음하면 더 자연스러워요. 마지막 자음 x는 발음하지 않습니다.	an은 [엉]으로 발음하고, 여기에서 s는 [ㅆ] 소리로 발음하면 됩니다. 마지막 자음 r은 발음하지 않습니다.

패턴 연습 : 단어를 바꿔가며 말해 보자!

🎧 14-2.mp3

나는 ☐을 원해(하고 싶어).

쥬   브(v)
Je veux ☐.

vouloir 동사 뒤에 동사원형뿐만 아니라, 명사가 올 수도 있습니다.

① **du fromage**
[듀 프(f)호마쥬]
나는 치즈를 원해.

② **du changement**
[듀 셩쥬멍]
나는 변화를 원해.

③ **sortir**
[쏘띠흐]
나는 나가고 싶어.

④ **apprendre le français**
[아프헝드흐 르 프(f)헝쎄]
나는 프랑스어를 배우고 싶어.

 단어   ⓥ **du fromage** 치즈   ⓥ **du changement** 변화   **sortir** 나가다   **apprendre le français** 프랑스어를 배우다

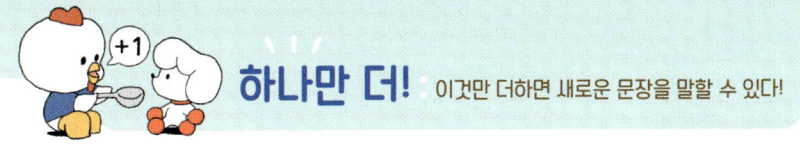

하나만 더! 이것만 더하면 새로운 문장을 말할 수 있다!

🎧 14-3.mp3

나는 빵을 정말 먹고 싶어.

쥬   브(v)   브(v)헤멍   멍줴   듀   빵
Je veux vraiment manger du pain.

원하는 것을 강조하고 싶을 땐 Je veux 뒤에 'vraiment'만 넣으면 됩니다!
지금 이 순간, 정말 원하는 것이 있으신가요? vraiment를 사용해 말해 보세요!

Je veux vraiment boire une bière.
[쥬 브(v) 브(v)헤멍 부아ㅎ 윈 비에흐]

나는 맥주 한 잔을 정말 마시고 싶어.

Je veux vraiment du changement.
[쥬 브(v) 브(v)헤멍 듀 셩쥬멍]

나는 정말 변화를 원해.

Je veux vraiment sortir.
[쥬 브(v) 브(v)헤멍 쏘띠ㅎ]

나는 정말 나가고 싶어.

tellement

무언가를 아주 많이 원할 때는 vraiment 대신 tellement[뗄멍]이라는 단어를 사용할 수도 있습니다. 친구들과 구어체로 많이 사용하는 표현이에요.

예 Je veux tellement sortir. 나 진짜로 나가고 싶어.

문제로 확인하기 : 이해도를 점검해 보자!

1. vouloir 동사가 주어 Je와 만날 때 어떻게 변하는지, 주어와 함께 써 보세요.

➡ _____

2. 다음 단어들을 순서에 맞게 배열하세요. (동사는 주어에 맞게 변형시키세요.)

① manger / vouloir / Je / du / pain

➡ _____ (나는 빵을 먹고 싶어.)

② boire / une / vouloir / Je / bière

➡ _____ (나는 맥주를 한 잔 마시고 싶어.)

③ vouloir / Je / danser

➡ _____ (나는 춤을 추고 싶어.)

3. 〈보기〉의 단어를 활용하여 문장을 만드세요.

sortir	du fromage	vraiment
apprendre le français		du changement

① 나는 치즈를 정말 원해. ➡ _____.

② 나는 변화를 원해. ➡ _____.

③ 나는 나가고 싶어. ➡ _____.

④ 나는 프랑스어를 정말 배우고 싶어. ➡ _____.

15과

학습일 :   월   일

나는 요리할 수 있어.

쥬   쁘   페(f)ㅎ   라   뀌진
Je peux faire la cuisine.

🎧 15-0.mp3   무방비 상태로 3번씩 들어 보기 👂   무슨 뜻일까요?

Je peux faire la cuisine.

Je peux parler en anglais.

Je peux conduire.

내가 할 수 있는 것을 표현할 수 있어요.

책을 펼치고
동영상 강의를 보면서
학습을 시작합니다.

 동영상 강의 보기 ×   mp3 파일 듣기 ×

직접 말해 보기 : 입과 표정 준비 완료!

🎧 15-1.mp3

나는 ~을 할 수 있어.

쥬 쁘
Je peux ~.

상대방에게 내가 할 수 있는 것을 말해줘야 할 때가 있죠.
'Je peux ~'는 '나는 ~을 할 수 있어' 라는 뜻을 가지고 있습니다.
이 표현으로 내가 할 수 있는 것에 대해서 이야기해 봅시다.

Je peux faire la cuisine.   나는 요리할 수 있어.
[쥬 쁘 페(f)ㅎ 라 뀌진]

Je peux parler en anglais.   나는 영어로 말할 수 있어.
[쥬 쁘 빠흘레 어넝글레]

Je peux conduire.   나는 운전할 수 있어.
[쥬 쁘 꽁듀이흐]

단어   pouvoir 할 수 있다   faire la cuisine 요리하다   parler en anglais 영어로 말하다
       conduire 운전하다

Tip   무언가를 할 수 있는지 물어보는 질문에, "Oui, je peux. [우이 쥬 쁘]"라고 말하면 "응, 할 수 있어."라는 대답이 됩니다.

문장 파헤치기 : 파헤치면 이해된다!

문법 확인하기

주어　　　동사　　　동사원형

Je + peux + _____ .

pouvoir 동사의 변화

pouvoir 동사는 '할 수 있다'라는 의미로, 영어의 can 동사와 비슷해요. pouvoir 동사가 주어 Je와 만났을 때는 peux로 변한답니다. Je peux 뒤에 내가 할 수 있는 것을 말하면 됩니다.

pouvoir + 동사원형

영어의 can 뒤에 항상 동사원형이 오는 것처럼, pouvoir 뒤에도 항상 동사원형이 옵니다.

발음 클리닉　강의 또는 음성을 들으면서 따라하면 더 쉬워요!

parler [빠흘레]	**anglais** [엉글레]
[빨–레]와 비슷할 정도로 r를 약하게 발음해도 됩니다. 사이에 있는 r는 강하게 발음하지 않는 것이 더 자연스러워요. 맨 뒤의 r는 발음하지 않습니다.	프랑스어에서 ai는 언제나 [에]로 발음합니다. 맨 뒤의 s는 발음하지 않습니다.

패턴 연습 : 단어를 바꿔가며 말해 보자!

🎧 15-2.mp3

(나는) ☐ 할 수 있어./해도 돼?

쥬 쁘
Je peux ☐ ./?

pouvoir 동사 뒤에는 동사원형이 옵니다.

❶ **faire ça.**
[페(f)ㅎ 싸]
나는 이거 할 수 있어.

❷ **t'aider.**
[떼데]
내가 너 도와줄 수 있어.

❸ **goûter ?**
[구떼]
맛봐도 돼?

❹ **entrer ?**
[엉트헤]
들어가도 돼?

단어 | faire 하다 | ça 이것, 저것 | t' (te) 너를 | goûter 맛보다 | entrer 들어가다

Tip
– 평서문과 똑같이 쓰고, 뒤에 물음표만 붙이면 의문문이 됩니다. 'Je peux ~?'는 간단한 허락을 구할 때 많이 사용합니다.
– te는 '너'를 목적어로 쓸 때 사용하는 단어입니다. "Je peux t'aider." 에서 te + aider를 쓸 경우, 모음과 모음이 만나기 때문에 축약해 t'aider로 사용합니다.

하나만 더! 이것만 더하면 새로운 문장을 말할 수 있다!

🎧 15-3.mp3

나는 너를 위해 요리할 수 있어.

쥬 쁘 페(f)ㅎ 라 뀌진 뿍 뚜아
Je peux faire la cuisine pour toi.

상대방을 위해 무언가를 할 수 있을 때 pour toi를 넣어 말하면 됩니다!

Je peux parler en anglais pour toi. 너를 위해 영어로 말할 수 있어.
[쥬 쁘 빠흘레 어넝글레 뿍 뚜아]

Je peux conduire pour toi. 너를 위해 운전할 수 있어.
[쥬 쁘 꽁듀이ㅎ 뿍 뚜아]

Je peux faire ça pour toi. 너를 위해 이거 할 수 있어.
[쥬 쁘 페(f)ㅎ 싸 뿍 뚜아]

pour moi

– pour는 '~을 위해'라는 뜻입니다. '나를 위해'는 pour moi[뿍 무아]라고 말하면 됩니다.
   🎧 C'est pour moi. [쎄 뿍 무아] (이건) 나를 위한 거야.
– toi와 moi는 pour 같은 전치사 뒤에서 사용할 수 있는 인칭대명사입니다. (17과 Plus 참고 – p.119)

문제로 확인하기 : 이해도를 점검해 보자!

1. pouvoir 동사가 주어 Je와 만날 때 어떻게 변하는지, 주어와 함께 써 보세요.

➪ _____

2. 다음 단어들을 순서에 맞게 배열하세요. (동사는 주어에 맞게 변형시키세요.)

① **pouvoir / faire / Je / la / cuisine**

➪ _____ (나는 요리할 수 있어.)

② **en / pouvoir / parler / Je / anglais**

➪ _____ (나는 영어로 말할 수 있어.)

③ **conduire / Je / pouvoir**

➪ _____ (나는 운전할 수 있어.)

3. 〈보기〉의 단어를 활용하여 문장을 만드세요.

goûter	faire ça	t'aider
pour toi		entrer

① 나는 너를 위해 이거 할 수 있어. ➪ _____ .

② 내가 너 도와줄 수 있어. ➪ _____ .

③ 맛봐도 돼? ➪ _____ ?

④ 들어가도 돼? ➪ _____ ?

16과

학습일 : 　월　　일

나는 청소해야 해.

쥬　　두와　　페(f)ㅎ　　르　　메나쥬
Je dois faire le ménage.

🎧 16-0.mp3　　무방비 상태로 3번씩 들어 보기 👂　　무슨 뜻일까요?

Je dois faire le ménage.

Je dois prendre une douche.

Je dois travailler.

내가 해야 하는 것을 표현할 수 있어요.

책을 펼치고
동영상 강의를 보면서
학습을 시작합니다.

동영상 강의 보기　　mp3 파일 듣기

직접 말해 보기 입과 표정 준비 완료!

🎧 16-1.mp3

나는 ~을 해야 해.

쥬 두와
Je dois ~.

꼭 해야 하는 일이 있을 때, 어떻게 표현할까요?
'Je dois ~'는 '나는 ~을 해야 해'라는 뜻입니다.
이 표현으로 내가 해야 하는 것에 대해서 이야기해 봅시다.

Je dois faire le ménage. 나는 청소해야 해.
[쥬 두와 페(f)ㅎ 르 메나쥬]

Je dois prendre une douche. 나는 샤워해야 해.
[쥬 두와 프헝드흐 윈 두슈]

Je dois travailler. 나는 일해야 해.
[쥬 두와 트하바(v)이예]

단어 devoir 해야 한다 | faire le ménage 청소하다 | prendre une douche 샤워하다 | travailler 일하다

Tip prendre는 영어의 take와 비슷한 동사입니다. '~을 취하다'라는 뜻으로, 다양한 곳에서 사용됩니다. 'prendre une douche'는 'take a shower'와 비슷하겠죠?

문장 파헤치기 : 파헤치면 이해된다!

문법 확인하기

주어　　　동사　　　동사원형

Je + dois + _____ .

devoir 동사의 변화

devoir 동사는 '해야 한다'라는 의미로, 영어의 must 동사와 비슷해요. devoir 동사가 주어 Je와 만났을 때는 dois로 변한답니다. Je dois 뒤에 내가 해야 하는 것을 말하면 됩니다!

devoir + 동사원형

영어에서 must 뒤에 동사원형을 사용해야 하는 것처럼, devoir 뒤에도 항상 동사원형을 사용합니다.

발음 클리닉   강의 또는 음성을 들으면서 따라하면 더 쉬워요!

prendre [프헝드흐]	**travailler** [트하비(v)이예]
pren에서 [펑]에 가까울 정도로 r를 약하게 발음하면 자연스럽게 발음할 수 있습니다. 맨 뒤의 re도 부드럽게 발음합니다.	tra을 부드럽게 발음합니다. 프랑스어에서는 ill가 [일]로 소리나지 않고, [이-] 소리가 납니다. 그래서 [트하바(v)일레]가 아닌, [트하바(v)이예]로 발음합니다.

패턴 연습 : 단어를 바꿔가며 말해 보자!

🎧 16-2.mp3

나는 ☐ 해야 해.

쥬 두와
Je dois ☐ .

devoir 동사 뒤에는 동사원형이 옵니다.

❶ **y aller.**   나는 가야 해.
[이 알레]

❷ **étudier le japonais.**   나는 일본어를 공부해야 해.
[에뛰디에 르 쟈뽀네]

❸ **descendre ici.**   나는 여기서 내려야 해.
[데썽드흐 이씨]

❹ **prendre le bus.**   나는 버스를 타야 해.
[프헝드흐 르 뷔스]

단어   y aller (~에) 가다 | étudier 공부하다 | le japonais 일본어 | descendre 내리다, 내려가다 | ici 여기 | prendre le bus 버스를 타다

Tip
– y는 어딘가에 간다고 할 때 관용적으로 넣는 표현입니다. 대화 중에 이야기한 장소를 의미하기도 하고, 단순하게 간다고 말할 때도 사용합니다.
– 언어명은 항상 남성 정관사(le)를 사용하며, 첫 알파벳은 소문자로 씁니다.

하나만 더! 이것만 더하면 새로운 문장을 말할 수 있다!

🎧 16-3.mp3

나는 지금 청소 해야 해.

쥬　두와　페(f)ㅎ　르　메나쥬　　　　맛녕
Je dois faire le ménage maintenant.

'지금'이라는 말을 사용하고 싶다면 'maintenant'만 넣으면 됩니다.
지금 해야 하는 일이 있나요? maintenant을 사용해 말해 보세요!

Je dois travailler maintenant.   나는 지금 일해야 해.
[쥬 두와 트하바(v)이예 맛녕]

Je dois y aller maintenant.   나는 지금 가야 해.
[쥬 두와 이 알레 맛녕]

Je dois descendre ici maintenant.   나는 지금 여기서 내려야 해.
[쥬 두와 데썽드흐 이씨 맛녕]

plus tard

'이따가' 무언가를 해야 한다는 말도 자주 하죠. 프랑스어로는 plus tard[쁠류 따ㅎ]라고 말합니다.
예 Je dois y aller plus tard. 나 이따가 가봐야 해.

문제로 확인하기 : 이해도를 점검해 보자!

1. devoir 동사가 주어 Je와 만날 때 어떻게 변하는지, 주어와 함께 써 보세요.

➡ _____

2. 다음 단어들을 순서에 맞게 배열하세요. (동사는 주어에 맞게 변형시키세요.)

❶ **devoir / faire / Je / ménage / le**

➡ _____ (나는 청소해야 해.)

❷ **une / devoir / prendre / Je / douche**

➡ _____ (나는 샤워해야 해.)

❸ **devoir / Je / travailler**

➡ _____ (나는 일해야 해.)

3. 〈보기〉의 단어를 활용하여 문장을 만드세요.

descendre ici	maintenant	y aller
étudier le japonais		prendre le bus

❶ 나는 가야 해. ➡ _____ .

❷ 나는 지금 일본어를 공부해야 해. ➡ _____ .

❸ 나는 여기서 내려야 해. ➡ _____ .

❹ 나는 지금 버스를 타야 해. ➡ _____ .

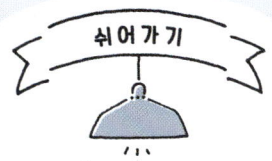

프랑스어 욕

외국어를 배울 때, 그 언어의 욕을 항상 함께 배우게 되죠!
프랑스어에도 아주 다양한 욕이 있습니다.
외국인으로서 욕을 사용할 일이 많지 않겠지만, 어떤 말이 욕인지 알고 있으면 좋겠죠!

1
Putain !
[쀼땅]

젠장 / 미친!

2
Merde !
[메흐드]

빌어먹을!

3
Fait chier !
[쎄(f) 쉬에]

짜증난다 / 재수없다!

4
Ta gueule !
[따 규얼]

닥쳐!

5
Quel con / Quelle conne !
[껠 꽁 / 껠 꼰]

이런 바보 같은!

6
Casse-toi !
[꺄쓰 뚜아]

꺼져!

1️⃣ **Putain !** : 하나의 뜻으로 표현하기 힘들 만큼, 프랑스인들이 가장 많이 사용하는 욕이에요. 정말 놀라거나, 화가 나거나, 어처구니가 없거나 등등 거의 대부분의 상황에서 사용할 수 있는 표현이에요.

2️⃣ **Merde !** : Putain과 함께 자주 쓰이는 욕입니다. 원래는 '똥'이라는 뜻이에요. 영어의 Shit을 욕으로 사용하는 것과 비슷하겠죠? Merde 역시 아주 다양한 상황에서 격한 감정을 표현할 때 사용하는 표현입니다.

3️⃣ **Fait chier !** : chier는 순화된 말로 하면 '변을 보다'라는 뜻이에요. 원래는 "Ça fait chier.(그것이 짜증나게 한다.)"인데, Ça를 생략하여 말하는 경우가 많습니다. 정말 짜증이 나거나 화가날 때, 욕처럼 사용하는 표현이에요.

4️⃣ **Ta gueule !** : "닥쳐!"라는 뜻이에요. gueule는 동물의 '아가리'를 뜻하는 단어예요. 우리나라에도 비슷한 욕이 있죠? 텍스트로 쓸 때는 줄여서 TG라고 쓰기도 합니다.

5️⃣ **Quel con / Quelle conne !** : con(ne)은 '바보'와 비슷한 뜻인데, 그보다 훨씬 심한 말이에요. Quel(le)을 붙이면 "이런 ○○!"처럼 감탄사가 돼요. "Quel con!"이라고 하면 "이런 바보같은!"의 뉘앙스를 줄 수 있어요. 나 자신의 행동에 대해 말하면서 사용할 수도 있고, 타인에 대해 말하면서 사용할 수도 있습니다.

> **Plus**
> Con은 남성형으로, 여성형은 Conne으로 씁니다. 이 단어의 성별에 따라 앞에 나오는 Quel도 변화하는데, Quel을 여성형으로 쓰려면 뒤에 le를 붙여 Quelle로 쓰면 됩니다.

6️⃣ **Casse-toi !** : "꺼져!"라는 뜻이에요. 조금 순화된 표현을 원하면 "가버려."라는 의미의 "Va-t-en.[바(v)떵]"이라고 말할 수도 있습니다. 정말 싫은 사람이나, 나에게 무례하게 행동하는 사람에게 화가 날 때 쓸 수 있는 표현이겠죠?

PART 3

Tu로 친구와 대화하기

이런 말을 할 수 있어요

#네가 알리스야? #너 더워? #너 뭐 해? #너 뭐 좋아해?
#너 뭐 먹어? #너 뭐 마셔? #너 뭐 봐? #너 어디 가?
#너 무엇을 원해? #너는 무엇을 할 수 있어? #너는 무엇을 해야 해?
+ 프랑스어 은어

PART 3에서는 지금까지 배운 단어들로 또 다른 문장들을 만들어 볼 거예요.

아는 단어라도 다른 문장 속에서 만나면 새롭게 느껴진다는 사실!

다양하게 활용하면서 진짜 여러분의 언어로 만들어 보세요.

(새로운 단어로 문장을 만들어 보고 싶다면, 부록의 <4. 추가 단어/표현집>을 참고하세요!)

PART 2에서는 Je를 이용해서 나에 대해 말하는 방법을 배워봤죠?

PART 3에서는 '너'라는 뜻인 Tu로 질문하는 연습을 할 거예요.

보통 친구나 가족, 가까운 동료에게는 Tu를 이용해 말합니다.

대화를 이어나가고 싶거나 친해지고 싶은 사람이 있다면 이렇게 말해 보세요.

"On peut se tutoyer ?[옹 쁘 쓰 뛰뚜와이예?] 우리 편하게 말할까요?"

친구와는 대화를 많이 하게 되겠죠? 그래서 이번에는 질문하는 연습을 많이 해 볼게요!

의문문을 만드는 방법에는 3가지가 있는데,

우리는 그중에서 가장 쉬운 방법으로 연습할 거예요.

(의문문을 만드는 방법은 동영상 강의를 참고해 주세요.)

그럼 이제 친구와의 대화를 시작해 볼까요?

17과

네가 알리스야?

뚜 에 알리쓰
Tu es Alice ?

🎧 17-0.mp3 무방비 상태로 3번씩 들어 보기 👂 무슨 뜻일까요?

Tu es Alice ?

Tu es Français(e) ?

Tu es étudiant(e) ?

Tu es journaliste ?

상대방에 대해 질문할 수 있어요.

책을 펼치고
동영상 강의를 보면서
학습을 시작합니다.

 × ×
동영상 강의 보기   mp3 파일 듣기

직접 말해 보기 : 입과 표정 준비 완료!

🎧 17-1.mp3

너는 ~야?

뜌 에
Tu es ~?

'Tu es~?'는 '너는 ~야?'라는 뜻입니다.
상대방의 이름, 국적, 직업을 물어볼 때, 이 표현만 알고 있으면 됩니다.

Tu es Alice ?
[뜌 에 알리쓰]

네가 알리스야?

Tu es Français(e) ?
[뜌 에 프(f)헝쎄(즈)]

너는 프랑스인이야?

Tu es étudiant(e) ?
[뜌 에 에뜌디엉(뜨)]

너는 대학생이야?

Tu es journaliste ?
[뜌 에 쥬흐날리스뜨]

너는 기자야?

단어 Tu 너 (주어) | Français(e) 프랑스인 | étudiant(e) 대학생 | journaliste 기자

Tip
- 상대가 남성이면 Français, 여성이면 Française라고 합니다.
- 상대가 남성이면 étudiant, 여성이면 étudiante라고 합니다.

문장 파헤치기 : 파헤치면 이해된다!

문법 확인하기

주어　　동사　　보어

Tu + es + _____ ?

être 동사의 변화

Part 2에서 배웠던 être 동사, 기억하시나요? '~이다'라는 의미로, 영어의 be 동사와 비슷한 동사였어요. 이 être 동사가 Tu와 만났을 때는 es로 변한답니다! Tu es 뒤에 이름, 직업, 국적 등을 넣어 물어볼 수 있어요. 익숙해지기 위해 Tu es를 여러 번 말해 보세요.

발음 클리닉   강의 또는 음성을 들으면서 따라하면 더 쉬워요!

es [에]	Français(e) [프(f)헝쎄(즈)]
프랑스어에서는 보통 단어의 마지막 자음을 발음하지 않습니다. [에스]가 아닌 [에]로 발음합니다.	ç는 프랑스어의 알파벳 중 하나로, 언제나 [ㅆ] 소리가 납니다. ai는 언제나 [에]로 발음합니다.

소통하기 : 배운 표현으로 회화 연습을 해 보자!

지난 파트와 이번 파트에서 배운 내용으로 이제 소통을 할 수 있게 되었습니다.
아래 대화를 들으면서 따라해 보고, 역할을 맡아 연습도 해 봅시다.

🎧 17-2.mp3

#1 **Tu es Alice ?**
뜌 에 알리쓰

 Non, je ne suis pas Alice.
농 쥬 느 쒸이 빠 알리쓰

#2 **Tu es Français ?**
뜌 에 프(f)헝쎄

 Oui, je suis Français. Et toi❶ ?
우이 쥬 쒸이 프(f)헝쎄 에 뚜아

 Ah, moi, je suis Coréenne. Enchantée❷ !
아 무아 쥬 쒸이 꼬헤엔느 엉셩떼

#3 **Tu es étudiant?**
뜌 에 에뜌디엉

 Non, je ne suis pas étudiant.
농 쥬 느 쒸이 빠 에뜌디엉

Je suis journaliste.
쥬 쒸이 쥬흐날리스뜨

---

 oui [우이] 응 (긍정 대답) **non** [농] 아니 (부정 대답) **Et toi ?** [에뚜아] 너는? **moi** [무아] 나
Enchanté(e). 반가워.

[회화 학습법]

❶ 무방비 상태로 듣기　❷ 한 문장씩 듣고 따라하기　❸ 대본 확인하기　❹ 롤플레잉

#1　베베숑　네가 알리스니?
　　　꼬꼬　　아니, 나는 알리스가 아니야.

#2　베베숑　너 프랑스 사람이야?
　　　꼬꼬　　응, 나 프랑스 사람이야. 너는?
　　　베베숑　아, 난 한국 사람이야. 반가워!

#3　베베숑　너 대학생이야?
　　　꼬꼬　　아니, 나는 대학생 아니야.
　　　　　　　나는 기자야.

❶ **moi/toi** : 영어의 'me/you'에 해당하는 단어로, '나/너'라는 뜻입니다.
　① 주어를 강조할 때 사용 예 Toi, tu es étudiant ? [뚜아, 뛰에 에뜌디엉] 너, 네가 대학생이라고?
　② 독립적으로 사용 예 Je suis Suzy. [쥬 쑤이 수지] – Toi ? [뚜아] 내가 수지야. – 네가?
　③ 전치사와 함께 사용 예 avec moi [아벡(v) 무아] 나와 함께

❷ **enchanté(e)** : '반갑다'는 뜻이고, 처음 만났을 때 사용하는 표현입니다.
　enchanté와 enchantée의 발음은 같지만, 글로 쓸 때는 남성은 enchanté, 여성은 enchantée입니다.

문제로 확인하기 : 이해도를 점검해 보자!

1. être 동사가 주어 Tu와 만날 때 어떻게 변하는지, 주어와 함께 써 보세요.

➡ _____

2. 다음 단어들을 순서에 맞게 배열하세요. (동사는 주어에 맞게 변형시키세요.)

① être / Alice / Tu   ➡ _____ (네가 알리스야?)

② Français / Tu / être   ➡ _____ (너는 프랑스인(남자)이야?)

③ être / Tu / étudiant   ➡ _____ (너는 대학생(남자)이야?)

④ Tu / journaliste / es   ➡ _____ (너는 기자야?)

3. 질문에 알맞은 대답을 연결하세요.

① Tu es Sofia ?   ·   · Non, je ne suis pas étudiant.

② Tu es Coréenne ?   ·   · Non, je suis Alice.

③ Tu es étudiant ?   ·   · Oui, je suis Coréenne.

④ Tu es journaliste ?   ·   · Oui, je suis journaliste.

18과

너 더워?

뜌 아 쇼
Tu as chaud ?

🎧 18-0.mp3　　무방비 상태로 3번씩 들어 보기 👂　　무슨 뜻일까요?

Tu as chaud ?

Tu as froid ?

Tu as mal ?

Tu as sommeil ?

상대방의 상태에 대해 물어볼 수 있어요.

책을 펼치고
동영상 강의를 보면서
학습을 시작합니다.

 동영상 강의 보기　×　 mp3 파일 듣기　×

직접 말해 보기 : 입과 표정 준비 완료!

🎧 18-1.mp3

너는 ~해?

뚜 아
Tu as ~?

'Tu as~?'는 원래 '너는 ~을 가지고 있어?'라는 뜻이에요.
하지만 상대방의 상태를 물어볼 때도 사용한답니다.

Tu as chaud ? 너 더워?
[뚜 아 쇼]

Tu as froid ? 너 추워?
[뚜 아 프(f)후와]

Tu as mal ? 너 아파?
[뚜 아 말]

Tu as sommeil ? 너 졸려?
[뚜 아 쏘메이]

단어 avoir chaud 덥다 | avoir froid 춥다 | avoir mal 아프다 | avoir sommeil 졸리다

Tip 구어체에서는 'Tu as ~?'를 'T'as ~?'로 줄여 말하기도 합니다.

문장 파헤치기 : 파헤치면 이해된다!

문법 확인하기

주어　동사　목적어

Tu + as _____ ?

avoir 동사의 변화

avoir 동사는 '~을 가지고 있다'라는 의미로, 영어의 have 동사와 비슷해요.
avoir 동사가 주어 Tu와 만났을 때는 as로 변한답니다. Tu as를 여러 번 말해 보며 익히는 것이 좋습니다. avoir 동사 뒤에 신체의 상태를 나타내는 명사가 오면 상태를 표현할 수 있었어요.(7과 참고) 상대방이 지금 어떤 상태인지 물어보면서 더 가까워질 수 있겠죠?

발음 클리닉　강의 또는 음성을 들으면서 따라하면 더 쉬워요!

as [아]	**chaud** [쇼]
단어 끝의 자음은 발음하지 않기 때문에 [아스]가 아닌 [아]로 발음합니다.	프랑스어에서는 ch가 [취]가 아닌 영어의 sh [ʃ]처럼 발음합니다. au는 언제나 [오]로 발음합니다. 여기에서도 단어 끝의 d는 발음하지 않습니다.

123

소통하기 : 배운 표현으로 회화 연습을 해 보자!

지난 파트와 이번 파트에서 배운 내용으로 이제 소통을 할 수 있게 되었습니다.
아래 대화를 들으면서 따라해 보고, 역할을 맡아 연습도 해 봅시다.

🎧 18-2.mp3

#1 **Tu as chaud ?**
뚜 아 쇼

Oui, j'ai vraiment chaud.
우이 줴 브(v)헤멍 쇼

#2 **Tu as froid ?**
뚜 아 프(f)후와

Non, je n'ai pas froid.
농 쥬 네 빠 프(f)후와

#3 **Tu as mal ?**
뚜 아 말

Oui, j'ai trop mal.
우이 줴 트호 말

#4 **Tu as sommeil ?**
뚜 아 쏘메이

Non, je n'ai pas sommeil.
농 쥬 네 빠 쏘메이

단어 vraiment 정말 | trop 너무

[회화 학습법]

❶ 무방비 상태로 듣기   ❷ 한 문장씩 듣고 따라하기   ❸ 대본 확인하기   ❹ 롤플레잉

#1   베베숑   너 더워?
     꼬끄   응, 나 정말 더워.

#2   베베숑   너 추워?
     꼬끄   아니, 나 안 추워.

#3   베베숑   너 아파?
     꼬끄   응, 나 너무 아파.

#4   베베숑   너 졸려?
     꼬끄   아니, 나 안 졸려.

avoir 동사

avoir 동사는 '가지고 있다'를 의미하기 때문에, 상태뿐만 아니라 무언가를 가지고 있는지 물어볼 수도 있습니다.

A: Tu as un stylo ? [뜌 아 앙 스띨로] 너 펜 있어?
B: J'ai un stylo. [줴 앙 스띨로] 나 펜 있어.
A: Tu as une voiture ? [뜌 아 윈 부(v)아뜌ㅎ] 너 자동차 있어?
B: J'ai une voiture. [줴 윈 부(v)아뜌ㅎ] 나 자동차 있어.

| 단어 | ♂ un stylo [앙 스띨로] 펜, 볼펜 | ♀ une voiture [윈 부(v)아뜌ㅎ] 자동차

125

문제로 확인하기 : 이해도를 점검해 보자!

1. avoir 동사가 주어 Tu와 만날 때 어떻게 변하는지, 주어와 함께 써 보세요.

➡ _____

2. 다음 단어들을 순서에 맞게 배열하세요. (동사는 주어에 맞게 변형시키세요.)

❶ chaud / Tu / avoir   ➡ _____ (너 더워?)

❷ avoir / Tu / froid   ➡ _____ (너 추워?)

❸ mal / avoir / Tu   ➡ _____ (너 아파?)

❹ avoir / sommeil / Tu   ➡ _____ (너 졸려?)

3. 질문에 알맞은 대답을 연결하세요.

❶ Tu as froid ?   ·   · Non, je n'ai pas mal.

❷ Tu as chaud ?   ·   · Oui, j'ai vraiment sommeil.

❸ Tu as mal ?   ·   · Oui, j'ai trop froid.

❹ Tu as sommeil ? ·   · Non, je n'ai pas chaud.

19과

학습일 : 월 일

너 뭐 해?

뚜 페(f) 꾸아
Tu fais quoi ?

🎧 19-0.mp3 　　무방비 상태로 3번씩 들어 보기 👂　　무슨 뜻일까요?

Tu fais du pilates ?

Tu fais du vélo ?

Tu fais la vaisselle ?

Tu fais un tour ?

상대방이 무엇을 하는지 물어볼 수 있어요.

책을 펼치고
동영상 강의를 보면서
학습을 시작합니다.

 동영상 강의 보기　　 mp3 파일 듣기

직접 말해 보기 _{입과 표정 준비 완료!}

🎧 19-1.mp3

너 뭐 해?
뚜　페(f)　꾸아
Tu fais quoi ?

'Tu fais ~?'는 '너는 ~을 해?'라는 뜻이에요.
친구와 연락하며 지금 무엇을 하는지 물어볼 수 있고,
상대가 어떤 취미를 가지고 있는지도 물어볼 수 있어요!

Tu fais du pilates ?　　　　　　　　너 필라테스 해?
[뚜 페(f) 듀 삘라떼]

Tu fais du vélo ?　　　　　　　　너 자전거 타?
[뚜 페(f) 듀 벨(v)로]

Tu fais la vaisselle ?　　　　　　　　너 설거지해?
[뚜 페(f) 라 베(v)쎌]

Tu fais un tour ?　　　　　　　　너 산책해?
[뚜 페(f) 앙 뚜흐]

 단어　quoi 무엇을 ｜ faire du pilates 필라테스를 하다 ｜ faire du vélo 자전거를 타다 ｜ la vaisselle 설거지
　　　　faire un tour 산책하다, 한바퀴 돌다

문장 파헤치기 : 파헤치면 이해된다!

문법 확인하기

주어　　　동사　　　목적어

Tu + fais + _____ ?

faire 동사의 변화

faire 동사는 '~을 하다/만들다'라는 의미로, 영어의 do 동사와 비슷한 동사였죠. faire 동사가 주어 Tu와 만났을 때는 fais로 변한답니다. 우리도 '~을 하다'라는 말을 정말 자주 사용하죠. 프랑스어에서도 가장 많이 쓰는 동사 중 하나이기 때문에 익혀두면 사용할 일이 많습니다. Tu fais를 사용해 상대방이 무엇을 하는지 물어보세요.

발음 클리닉 강의 또는 음성을 들으면서 따라하면 더 쉬워요!

pilates [삘라뜨]	**vaisselle** [베(v)쎌]
프랑스어의 p는 [ㅍ] 발음보다 [ㅃ] 발음에 가깝고, t는 [ㅌ] 발음보다 [ㄸ] 발음에 가까워요. 영어에서는 [필라테스]라고 하지만, 프랑스어에서 e의 기본 발음은 [으]입니다. 그래서 [삘라뜨(ㄸ)]라고 하면 돼요.	ai는 [에]로 발음합니다. ss는 [ㅆ]로 발음하고, e 뒤에 자음이 연달아 두 개가 나올땐 언제나 [으]가 아닌 [에]로 발음합니다.

소통하기 : 배운 표현으로 회화 연습을 해 보자!

지난 파트와 이번 파트에서 배운 내용으로 이제 소통을 할 수 있게 되었습니다.
아래 대화를 들으면서 따라해 보고, 역할을 맡아 연습도 해 봅시다.

🎧 19-2.mp3

#1 **Tu fais quoi ? Tu fais du pilates ?**
뜌 페(f) 꾸아   뜌 페(f) 듀   삘라뜨

 Non, je fais de la natation.
농 쥬 페(f) 들 라 나따씨옹

#2  **Tu fais du vélo ?**
뜌   페(f) 듀 벨(v)로

 Oui, je fais du vélo tous les jours.
우이 쥬 페(f) 듀 벨(v)로 뚤 레 쥬ㅎ

#3  **Tu fais quoi ? Tu fais la vaisselle ?**
뜌   페(f) 꾸아   뜌 페(f) 라   베(v)셀

 Non, je mange le dîner.
농 쥬 멍쥬 르 디네

#4  **Tu fais un tour ?**
뜌   페(f) 앙 뚜ㅎ

 Oui, je fais un tour le matin.
우이 쥬 페(f) 앙 뚜ㅎ 르 마땅

 faire de la natation 수영하다 | **tous les jours** 매일 | 🔊 **le dîner** 저녁식사
🔊 **le matin** 아침, 아침에

[회화 학습법]

❶ 무방비 상태로 듣기   ❷ 한 문장씩 듣고 따라하기   ❸ 대본 확인하기   ❹ 롤플레잉

#1 베베숑 너 뭐 해? 필라테스 해?
    꼬끄   아니, 나 수영해.

#2 베베숑 너 자전거 타?
    꼬끄   응, 나 매일 자전거 타.

#3 베베숑 너 뭐 해? 설거지해?
    꼬끄   아니, 나 저녁 먹어.

#4 베베숑 너 산책해?
    꼬끄   응, 나 아침에 산책해.

faire의 2가지 의미

❶ **하다**   A : Tu fais quoi ? [뜌 페(f) 꾸아] 너 뭐 해?
            B : Je fais la vaisselle. [쥬 페(f) 라 베(v)쎌] 나 설거지 해.

❷ **만들다** A : Tu fais quoi ? [뜌 페(f) 꾸아] 너 뭐 만들어?
            B : Je fais du pain. [쥬 페(f) 듀 빵] 나 빵 만들어.

문제로 확인하기 : 이해도를 점검해 보자!

1. faire 동사가 주어 Tu와 만날 때 어떻게 변하는지, 주어와 함께 써 보세요.

➡ _____

2. 다음 단어들을 순서에 맞게 배열하세요. (동사는 주어에 맞게 변형시키세요.)

① faire / Tu / pilates / du ➡ _____ (너 필라테스 해?)

② vélo / Tu / faire / du ➡ _____ (너 자전거 타?)

③ vaisselle / la / Tu / faire ➡ _____ (너 설거지해?)

④ un / Tu / faire / tour ➡ _____ (너 산책해?)

3. 질문에 알맞은 대답을 연결하세요.

① Tu fais du pilates ? ·   · Oui, je fais un tour le matin.

② Tu fais du vélo ? ·   · Oui, je fais du pilates.

③ Tu fais la vaisselle ? ·   · Oui, je fais du vélo tous les jours.

④ Tu fais un tour ? ·   · Non, je ne fais pas la vaisselle.

20과

너 뭐 좋아해?

뚜   엠   꾸아
Tu aimes quoi ?

🎧 20-0.mp3   무방비 상태로 3번씩 들어 보기   무슨 뜻일까요?

Tu aimes voyager ?

Tu aimes lire ?

Tu aimes écouter de la musique ?

Tu aimes faire du sport ?

상대방이 무엇을 좋아하는지 물어볼 수 있어요.

책을 펼치고
동영상 강의를 보면서
학습을 시작합니다.

     동영상 강의 보기   mp3 파일 듣기

직접 말해 보기 입과 표정 준비 완료!

🎧 20-1.mp3

너 뭐 좋아해?

뜌 엠 꾸아
Tu aimes quoi ?

'Tu aimes ~?'은 '너는 ~을 좋아해?'라는 뜻이에요.
상대방이 좋아하는 것을 안다면 더 가까워질 수 있겠죠?
이번 과에서 어떻게 말하는지 알아봐요!

Tu aimes voyager ?
[뜌 엠 봐(v)이야줴]

너 여행하는거 좋아해?

Tu aimes lire ?
[뜌 엠 리ㅎ]

너 책 읽는거 좋아해?

Tu aimes écouter de la musique ?
[뜌 엠 에꾸떼 들 라 뮤지끄]

너 음악 듣는거 좋아해?

Tu aimes faire du sport ?
[뜌 엠 페(f)ㅎ 듀 스뽀ㅎ]

너 운동하는거 좋아해?

voyager 여행하다 | **lire** 읽다, 책을 읽다 | **écouter de la musique** 음악을 듣다 | **faire du sport** 운동하다

문장 파헤치기 : 파헤치면 이해된다!

문법 확인하기

주어　　　　동사　　　　목적어

Tu + aimes + _____ ?

aimer 동사의 변화

aimer 동사는 '~을 좋아하다'라는 의미로, 영어의 like 동사와 비슷한 동사였죠. aimer 동사는 주어 Tu와 만났을 때 aimes로 변한답니다. aimer 동사 뒤에는 명사와 동사원형을 모두 사용할 수 있었던 것 기억하시나요?(9과 참고) Tu aimes를 사용해 상대방이 무엇을 좋아하는지 물어보세요.

발음 클리닉 강의 또는 음성을 들으면서 따라하면 더 쉬워요!

aimes [엠]	**voyager** [봐(v)이야줴]
Tu aimes는 J'aime에서의 'aime' 발음과 같아요. 마지막 s는 발음이 되지 않기 때문에 똑같이 발음하면 됩니다. 철자만 주의하면 되겠죠?	프랑스어에서 y는 ii라고 생각하면 쉬워요. voi-iager 라고 생각해 볼까요? oi는 [우아/와] 소리가 나기 때문에 [봐(v)이야줴]로 발음하는 것이랍니다.

135

소통하기 : 배운 표현으로 회화 연습을 해 보자!

지난 파트와 이번 파트에서 배운 내용으로 이제 소통을 할 수 있게 되었습니다.
아래 대화를 들으면서 따라해 보고, 역할을 맡아 연습도 해 봅시다.

🎧 20-2.mp3

#1 Tu aimes quoi ? Tu aimes voyager ?
뜌 엠 꾸아 뜌 엠 봐(v)이야줴

Bien sûr ! J'aime beaucoup voyager.
비앙 쉬ㅎ 쥄 보꾸 봐(v)이야줴

#2 Tu aimes lire ?
뜌 엠 리ㅎ

Non, je n'aime pas lire.
농 쥬 넴 빠 리ㅎ

#3 Tu aimes écouter de la musique ?
뜌 엠 에꾸떼 들 라 뮤지ㄲ

Oui, j'aime bien écouter de la musique.
우이 쥄 비앙 에꾸떼 들 라 뮤지ㄲ

#4 Tu aimes quoi ? Tu aimes faire du sport ?
뜌 엠 꾸아 뜌 엠 페(f) 듀 스뽀ㅎ

Oui, j'aime faire du pilates.
우이 쥄 페(f) 듀 삘라ㄸ

단어 Bien sûr. 물론이야. (확신이 있는 긍정 대답) | faire du pilates 필라테스를 하다

[회화 학습법]

❶ 무방비 상태로 듣기   ❷ 한 문장씩 듣고 따라하기   ❸ 대본 확인하기   ❹ 롤플레잉

#1   베베숑   너 뭐 좋아해? 여행하는 거 좋아해?
       꼬끄   물론이지! 나 여행하는 거 정말 좋아해.

#2   베베숑   너 책 읽는 거 좋아해?
       꼬끄   아니, 나 책 읽는 거 안 좋아해.

#3   베베숑   너 음악 듣는 거 좋아해?
       꼬끄   응, 나 음악 듣는 거 참 좋아해.

#4   베베숑   너 뭐 좋아해? 운동하는 거 좋아해?
       꼬끄   응, 나 필라테스 하는 거 좋아해.

사랑해.
프랑스어로 "사랑해."가 뭔지 알고 계시죠? "Je t'aime.[쥬뗌므]"입니다. Je + te + aime의 형태인데요. te는 '너를'이라는 뜻입니다. 이렇게 대명사를 목적어로 쓸 땐, 주어와 동사 사이에 대명사를 넣습니다. te + aime에서 모음과 모음이 만나 e가 축약되어 "Je t'aime."라고 말합니다.

J'adore !
9과에서 aimer bien(참 좋아하다)와 aimer beaucoup(정말 좋아하다)를 배웠던 것을 기억하시나요? 이것보다 더 좋아할 때 사용하는 동사도 있는데요! 바로 '매우 좋아하다/사랑하다'는 뜻의 adorer입니다. 뒤에 목적어를 넣어 무엇을 그렇게 좋아하는지 말할 수도 있고, 일상 회화에서는 목적어 없이 "진짜 좋아해/사랑해."라는 뜻으로 "J'adore ![쟈도흐]"라고 말하기도 합니다.

문제로 확인하기 : 이해도를 점검해 보자!

1. aimer 동사가 주어 Tu와 만날 때 어떻게 변하는지, 주어와 함께 써 보세요.

➡ _____

2. 다음 단어들을 순서에 맞게 배열하세요. (동사는 주어에 맞게 변형시키세요.)

❶ aimer / Tu / voyager   ➡ _____ (너 여행하는 거 좋아해?)

❷ lire / Tu / aimer   ➡ _____ (너 책 읽는 거 좋아해?)

❸ musique / aimer / de la / écouter / Tu

➡ _____ (너 음악 듣는 거 좋아해?)

❹ du / Tu / aimer / faire / sport

➡ _____ (너 운동하는 거 좋아해?)

3. 질문에 알맞은 대답을 연결하세요.

❶ Tu aimes voyager ?   ·   · Oui, j'aime beaucoup voyager.

❷ Tu aimes lire ?   ·   · Oui, j'aime faire du pilates.

❸ Tu aimes écouter de la musique ?   ·   · Non, je n'aime pas lire.

❹ Tu aimes faire du sport ? ·   · Oui, j'aime bien écouter de la musique.

21과

너 뭐 먹어?

뜌 멍쥬 꾸아
Tu manges quoi ?

🎧 21-0.mp3   무방비 상태로 3번씩 들어 보기 👂   무슨 뜻일까요?

Tu manges le petit-déjeuner ?

Tu manges le dîner ?

Tu manges un snack ?

Tu manges un pain au chocolat ?

상대방이 무엇을 먹는지 물어볼 수 있어요.

책을 펼치고 동영상 강의를 보면서 학습을 시작합니다.

동영상 강의 보기 × mp3 파일 듣기 ×

직접 말해 보기 입과 표정 준비 완료!

🎧 21-1.mp3

너 뭐 먹어?

뜌 멍쥬 꾸아
Tu manges quoi ?

'Tu manges ~?'는 '너는 ~을 먹어?'라는 뜻이에요.
상대방이 먹는 것에 대해 물어볼 수 있어요.
지금 먹고 있는 것이나 평상시에 먹는 것에 대해서도 대화할 수 있답니다.

Tu manges le petit-déjeuner ? 너 아침 먹어?
[뜌 멍쥬 르 쁘띠 데쥬네]

Tu manges le dîner ? 너 저녁 먹어?
[뜌 멍쥬 르 디네]

Tu manges un snack ? 너 간식 먹어?
[뜌 멍쥬 앙 스낵]

Tu manges un pain au chocolat ? 너 빵 오 쇼콜라 먹어?
[뜌 멍쥬 앙 빵오쇼꼴라]

 단어   ⇪ le petit-déjeuner 아침 ⇪ le dîner 저녁 ⇪ un snack 간식
⇪ un pain au chocolat 빵 오 쇼콜라 (초콜릿이 들어간 빵의 종류)

140

문장 파헤치기 : 파헤치면 이해된다!

문법 확인하기

주어   동사   목적어

Tu + manges + _____ ?

manger 동사의 변화

manger 동사는 '~을 먹다'라는 의미로, 영어의 eat 동사와 비슷한 동사였죠. manger 동사가 주어 Tu와 만났을 때는 manges로 변한답니다. 식사에 대해 묻거나 좋아하는 음식을 물어볼 때도 사용할 수 있어요.

발음 클리닉
강의 또는 음성을 들으면서 따라하면 더 쉬워요!

petit-déjeuner [쁘띠 데쥬네]	**dîner** [디네]
e는 [에]가 아니라 [으] 소리가 나는 것, 기억하시나요? e와 달리 é는 [에] 소리가 납니다. 그리고 déjeuner에서 jeu는 [져]와 [쥬]의 중간쯤으로 발음하면 정말 자연스럽답니다.	î는 i와 똑같이 [이]로 발음합니다. 여기에서는 뒷부분 r을 아예 발음하지 않습니다. 깔끔하게 [디네]라고 하면 됩니다.

소통하기 : 배운 표현으로 회화 연습을 해 보자!

지난 파트와 이번 파트에서 배운 내용으로 이제 소통을 할 수 있게 되었습니다.
아래 대화를 들으면서 따라해 보고, 역할을 맡아 연습도 해 봅시다.

 21-2.mp3

#1　Tu manges le petit-déjeuner ?
　　뜌　멍쥬　르　쁘띠　데쥬네

　　Oui, je mange toujours le petit-déjeuner.
　　우이 쥬 멍쥬　뚜쥬ㅎ 르　쁘띠 데쥬네

#2　Tu manges le dîner ?
　　뜌　멍쥬　르　디네

　　Non, je ne mange pas le dîner. Je suis au régime.
　　농 쥬 느 멍쥬 빠 르 디네　쥬 쑤이 오 헤쥠

#3　Tu manges un snack ?
　　뜌　멍쥬　앙　스낵

　　Oui, je mange un snack.
　　우이 쥬 멍쥬 앙 스낵

#4　Tu manges quoi ? Tu manges un pain au chocolat ?
　　뜌 멍쥬 꾸아　뜌 멍쥬 앙 빵 오 쇼꼴라

　　Non, je mange un croissant.
　　농 쥬 멍쥬 앙 크후와썽

단어　toujours 항상 | être au régime 다이어트를 하다 | 🔊 un croissant 크로와상

[회화 학습법]

❶ 무방비 상태로 듣기　❷ 한 문장씩 듣고 따라하기　❸ 대본 확인하기　❹ 롤플레잉

#1　베베숑　너 아침 먹어?
　　꼬끄　응, 나 항상 아침 먹어.

#2　베베숑　너 저녁 먹어?
　　꼬끄　아니, 나 저녁 안 먹어. 나 다이어트 중이야.

#3　베베숑　너 간식 먹어?
　　꼬끄　응, 나 간식 먹어.

#4　베베숑　너 뭐 먹어? 빵 오 쇼콜라 먹어?
　　꼬끄　아니, 나 크로와상 먹어.

quelque chose (어떤 것/무엇인가)
"나 뭐 좀 먹고 있어."와 같이 무엇을 먹는지 구체적으로 말하지 않을 때는 quelque chose를 사용하면 됩니다.

🔊 Je mange quelque chose. [쥬 멍쥬 껠끄 쇼즈] 나 뭐 좀 먹고 있어.

prendre + 식사
영어로 '점심을 먹다'라고 할 때, eat lunch 대신 have lunch라고 하기도 하죠? 프랑스어도 manger 동사 대신 사용하는 동사가 있습니다. 바로 prendre 동사인데요. 영어의 take와 비슷해서, '취하다, 먹다, 복용하다' 라는 의미로 쓸 수 있습니다. 주어 Je, Tu와 만날 때 모두 prends으로 변화합니다.

🔊 Je prends le dîner. [쥬 프헝 르 디네] 나 저녁 먹어.
　Tu prends le petit-déjeuner ? [뜌 프헝 르 쁘띠 데쥬네] 너 아침 먹어?

문제로 확인하기 : 이해도를 점검해 보자!

1. manger 동사가 주어 Tu와 만날 때 어떻게 변하는지, 주어와 함께 써 보세요.

➡ _____

2. 다음 단어들을 순서에 맞게 배열하세요. (동사는 주어에 맞게 변형시키세요.)

① manger / Tu / petit-déjeuner / le

➡ _____ (너 아침 먹어?)

② le / dîner / Tu / manger ➡ _____ (너 저녁 먹어?)

③ snack / un / manger / Tu ➡ _____ (너 간식 먹어?)

④ pain au chocolat / Tu / manger / un

➡ _____ (너 빵 오 쇼콜라 먹어?)

3. 질문에 알맞은 대답을 연결하세요.

① Tu manges le petit-déjeuner ? ·   · Non, je ne mange pas le dîner.

② Tu manges le dîner ? ·   · Oui, je mange un snack.

③ Tu manges un snack ? ·   · Non, je mange un croissant.

④ Tu manges un pain au chocolat ? ·   · Oui, je mange toujours le petit-déjeuner.

22과

학습일 :   월   일

너 뭐 마셔?

뚜 부와 꾸아
Tu bois quoi ?

🎧 22-0.mp3   무방비 상태로 3번씩 들어 보기 👂   무슨 뜻일까요?

Tu bois un chocolat chaud ?

Tu bois un jus de fruit ?

Tu bois un cappuccino ?

Tu bois de l'alcool ?

상대방이 무엇을 마시는지 물어볼 수 있어요.

책을 펼치고
동영상 강의를 보면서
학습을 시작합니다.

       동영상 강의 보기   mp3 파일 듣기

 **직접 말해 보기** 입과 표정 준비 완료!

🎧 22-1.mp3

너 뭐 마셔?

뜌 　 부와 　 꾸아
Tu bois quoi ?

'Tu bois ~?'는 '너는 ~을 마셔?'라는 뜻이에요.
상대방이 마시는 것에 대해 물어볼 수 있어요.
지금 무엇을 마시는지, 평상시에 자주 즐겨 마시는 것이 있는지에 대해서도 대화할 수 있답니다.

Tu bois un chocolat chaud ?   너 핫초코 마셔?
[뜌 부와 앙 쇼꼴라 쇼]

Tu bois un jus de fruit ?   너 과일 주스 마셔?
[뜌 부와 앙 쥐 드 프(f)후이]

Tu bois un cappuccino ?   너 카푸치노 마셔?
[뜌 부와 앙 꺄뿌치노]

Tu bois de l'alcool ?   너 술 마셔?
[뜌 부와 드 랄꼴]

 🔊 un chocolat chaud 핫초코 ┊ 🔊 un jus de fruit 과일 주스 ┊ 🔊 un cappuccino 카푸치노
🔊 de l'alcool 술

문장 파헤치기 : 파헤치면 이해된다!

문법 확인하기

주어   동사   목적어

Tu + bois + _____ ?

boire 동사의 변화

boire 동사는 '~을 마시다'라는 의미로, 영어의 drink 동사와 비슷한 동사였죠. boire 동사가 주어 Tu 와 만났을 때는 bois로 변한답니다. 식당이나 카페에서 어떤 걸 마시는지 혹은 평상시 어떤 음료를 즐겨 마시는지 물어볼 수 있어요.

발음 클리닉 강의 또는 음성을 들으면서 따라하면 더 쉬워요!

chocolat chaud [쇼꼴라 쇼]	**fruit** [프(f)후이]
chocolat의 cho와 chaud는 발음이 아주 비슷합니다. 프랑스어에서는 au를 [오]로 발음합니다. ch는 영어의 sh와 발음이 비슷해요. chocolat에서 co는 [코]가 아닌 [꼬]로 발음합니다.	f와 r가 붙어 있어 발음하기 어렵게 느껴질 수 있는 단어입니다. 하지만 [프(f)후이]로 r을 아주 가볍게 발음하면 쉬워집니다.

소통하기 : 배운 표현으로 회화 연습을 해 보자!

지난 파트와 이번 파트에서 배운 내용으로 이제 소통을 할 수 있게 되었습니다.
아래 대화를 들으면서 따라해 보고, 역할을 맡아 연습도 해 봅시다.

 22-2.mp3

#1 Tu bois un chocolat chaud ?
뒤 부와 앙 쇼꼴라 쇼

Non, je ne bois pas de chocolat chaud.
농 쥬 느 부와 빠 드 쇼꼴라 쇼

#2 Tu bois quoi ? Tu bois un jus de fruit ?
뒤 부와 꾸아 뒤 부와 앙 쥬 드 프(f)후이

Oui, c'est[1] un jus de tomate.
우이 쎄 땅 쥬 드 또마뜨

#3 Tu bois un cappuccino ?
뒤 부와 앙 까뿌치노

Non, je ne bois pas de café.
농 쥬 느 부와 빠 드 꺄페(f)

#4 Tu bois de l'alcool[2] ?
뒤 부와 드 랄꼴

Oui, tous les jours.
우이 뚤 레 쥬흐

단어   ⇧ un jus de tomate 토마토 주스 : ⇧ du café 커피 : ⇧ de l'alcool 술 : tous les jours 매일

148

[회화 학습법]

❶ 무방비 상태로 듣기　❷ 한 문장씩 듣고 따라하기　❸ 대본 확인하기　❹ 롤플레잉

#1　베베숑　너 핫초코 마셔?
　　꼬끄　　아니, 나 핫초코 안 마셔.

#2　베베숑　너 뭐 마셔? 과일주스 마셔?
　　꼬끄　　응, 이거 토마토주스야.

#3　베베숑　너 카푸치노 마셔?
　　꼬끄　　아니, 나는 커피 안 마셔.

#4　베베숑　너 술 마셔?
　　꼬끄　　응, 매일.

❶ **C'est :** '~이다'라는 말을 할 땐, C'est 뒤에 가리키는 말을 넣어 주면 됩니다.
　예) C'est un jus de tomate. [쎄 떵 쥬 드 또마뜨] (이거) 토마토 주스야.
　예) C'est de la bière. [쎄 들 라 비에흐] (이거) 맥주야.

❷ **boire de l'alcool [부와ㅎ 드 랄꼴] 술을 마시다 :** 상황에 따라 두 가지 의미로 해석될 수 있습니다.
　예) Tu bois de l'alcool ? ① 너 (지금) 술 마셔? ② 너 (평소에) 술 마셔?/ 술 마실 줄 알아?

문제로 확인하기 : 이해도를 점검해 보자!

1. boire 동사가 주어 Tu와 만날 때 어떻게 변하는지, 주어와 함께 써 보세요.

➡ _____

2. 다음 단어들을 순서에 맞게 배열하세요. (동사는 주어에 맞게 변형시키세요.)

① boire / Tu / chocolat chaud / un

➡ _____ (너 핫초코 마셔?)

② un / jus de fruit / Tu / boire

➡ _____ (너 과일 주스 마셔?)

③ cappuccino / un / boire / Tu

➡ _____ (너 카푸치노 마셔?)

④ de l' / Tu / boire / alcool

➡ _____ (너 술 마셔?)

3. 질문에 알맞은 대답을 연결하세요.

① Tu bois un chocolat chaud ? ·   · Non, je ne bois pas de café.

② Tu bois un jus de fruit ? ·   · Oui, j'aime l'alcool.

③ Tu bois un cappuccino ? ·   · Oui, c'est un jus de tomate.

④ Tu bois de l'alcool ? ·   · Non, je n'aime pas le chocolat.

23과

너 뭐 봐?

뜌   흐갸흐드   꾸아

Tu regardes quoi ?

🎧 23-0.mp3   무방비 상태로 3번씩 들어 보기 👂   무슨 뜻일까요?

Tu regardes une vidéo ?

Tu regardes le ciel ?

Tu regardes les photos ?

Tu regardes les infos ?

상대방이 무엇을 보는지 물어볼 수 있어요.

학습일 : 월 일

책을 펼치고 동영상 강의를 보면서 학습을 시작합니다.

동영상 강의 보기   mp3 파일 듣기

 직접 말해 보기 : 입과 표정 준비 완료!

🎧 23-1.mp3

너 뭐 봐?
뜌 흐갸흐드 꾸아
Tu regardes quoi ?

'Tu regardes ~?'는 '너는 ~을 봐?'라는 뜻이에요.
상대방이 보는 것에 대해 물어볼 수 있어요.
평소에 보는 것이 있는지 물어보면서 친목을 다질 수 있겠죠?

Tu regardes une vidéo ?　　　　　　　　너 영상 보고 있어?
[뜌 흐갸흐드 윈 비(v)데오]

Tu regardes le ciel ?　　　　　　　　너 하늘 보고 있어?
[뜌 흐갸흐드 르 씨엘]

Tu regardes les photos ?　　　　　　너 사진들 보고 있어?
[뜌 흐갸흐드 레 포(f)또]

Tu regardes les infos ?　　　　　　　너 뉴스 봐?
[뜌 흐갸흐드 레걍포(f)]

 우 une vidéo 영상 ｜ ♂ le ciel 하늘 ｜ 우 la photo 사진 ｜ les infos 뉴스, 기사

문장 파헤치기 — 파헤치면 이해된다!

문법 확인하기

　　　　　주어　　　　　동사　　　　　　　　목적어

Tu +regardes + _____ ?

regarder 동사의 변화

regarder 동사는 '~을 보다'라는 의미로, 영어의 look/watch 동사와 비슷한 동사였죠. regarder 동사가 주어 Tu와 만났을 때는 regardes로 변한답니다. 지금 무엇을 보는지, 평소에 보는 것이 있는지 등에 대해서 물어볼 수 있어요.

발음 클리닉 — 강의 또는 음성을 들으면서 따라하면 더 쉬워요!

photos [포(f)또]	**les infos** [레쟝포(f)]
프랑스어의 ph도 영어와 같이 [f]로 발음하면 됩니다. to는 [토]가 아닌 [또]로 발음합니다. 여기서도 맨 마지막에 있는 s는 발음하지 않았죠?	프랑스어에는 '연음'이라는 것이 있습니다. 원래는 발음하지 않는 les의 s가 모음으로 시작되는 단어 infos와 만나면 발음하게 되는데요. 이때 s는 [z]소리로 발음합니다.

 **소통하기** 배운 표현으로 회화 연습을 해 보자!

지난 파트와 이번 파트에서 배운 내용으로 이제 소통을 할 수 있게 되었습니다.
아래 대화를 들으면서 따라해 보고, 역할을 맡아 연습도 해 봅시다.

🎧 23-2.mp3

#1 **Tu regardes une vidéo ?**
뜌 흐갸흐드 윈 비(v)데오

 Oui, je regarde Youtube.
우이 쥬 흐갸흐드 유뜁

#2 **Tu regardes quoi ? Tu regardes le ciel ?**
뜌 흐갸흐드 꾸아 뜌 흐갸흐드 르 씨엘

Non, je regarde l'avion.
농 쥬 흐갸흐드 라비(v)옹

#3 **Tu fais quoi ? Tu regardes les photos ?**
뜌 페(f) 꾸아 뜌 흐갸흐드 레 포(f)또

Oui, je regarde les photos d'aujourd'hui.
우이 쥬 흐갸흐드 레 포(f)또 도쥬흐듀이

#4 **Tu regardes les infos ?**
뜌 흐갸흐드 레쟝포(f)

Oui, je regarde les infos le soir.
우이 쥬 흐갸흐드 레쟝포(f) 르 쑤와흐

단어 ↑ l'avion 비행기 | d'aujourd'hui 오늘의 | le soir 저녁에

[회화 학습법]

❶ 무방비 상태로 듣기 ❷ 한 문장씩 듣고 따라하기 ❸ 대본 확인하기 ❹ 롤플레잉

#1 베베숑 너 영상 봐?
    꼬끄   응, 나 유튜브 보고 있어.

#2 베베숑 너 뭐 봐? 하늘 보는 거야?
    꼬끄   아니, 나 비행기 보고 있어.

#3 베베숑 너 뭐 해? 사진들 보고 있어?
    꼬끄   응, 나 오늘 (찍은) 사진들 보고 있어.

#4 베베숑 너 뉴스 봐?
    꼬끄   응, 나 저녁에 뉴스 봐.

voir : 영어에 '보다' 동사가 see/look/watch 와 같이 여러 개가 있듯, 프랑스어에는 대표적으로 2가지의 '보다' 동사가 있습니다.

본문에서 배운 regarder는 조금 더 주의깊게, '나의 의지로 본다'는 의미예요. voir는 시야에 들어 오는 느낌으로 '나의 의지와는 관계 없이 가볍게 본다'는 의미입니다. voir 동사는 주어 Je나 Tu와 만났을 때 모두 vois로 변합니다.

예) Je vois la mer ici. [쥬 부(v)아 라 메ㅎ 이씨] 여기서 바다가 보인다.
예) Tu vois ce menu ? [뜌 부(v)아 쓰 므뉴] 저 메뉴판 보여?

| 단어 | 우 la mer [라 메ㅎ] 바다 | ce [쓰] 이, 저, 그 (상황에 따라 의미가 달라질 수 있습니다.)
↑ le menu [르 므뉴] 메뉴, 메뉴판

문제로 확인하기 이해도를 점검해 보자!

1. regarder 동사가 주어 Tu와 만날 때 어떻게 변하는지, 주어와 함께 써 보세요.

➡ _____

2. 다음 단어들을 순서에 맞게 배열하세요. (동사는 주어에 맞게 변형시키세요.)

① regarder / Tu / infos / les ➡ _____ (너 뉴스 봐?)

② une / vidéo / Tu / regarder ➡ _____ (너 영상 봐?)

③ ciel / le / regarder / Tu ➡ _____ (너 하늘 봐?)

④ photos / Tu / regarder / les ➡ _____ (너 사진들 보고 있어?)

3. 질문에 알맞은 대답을 연결하세요.

① Tu regardes une vidéo ? ·   · Oui, je regarde les photos d'aujourd'hui.

② Tu regardes le ciel ? ·   · Oui, je regarde Youtube.

③ Tu regardes les photos ? ·   · Non, je regarde l'avion.

④ Tu regardes les infos ? ·   · Oui, je regarde les infos le soir.

24과

너 어디 가?

뜌   바(v)   우
Tu vas où ?

학습일 :   월   일

🎧 24-0.mp3   무방비 상태로 3번씩 들어 보기 👂   무슨 뜻일까요?

Tu vas à la fac ?

Tu vas au supermarché ?

Tu vas à Paris ?

Tu vas à la plage ?

상대방이 어디에 가는지 물어볼 수 있어요.

책을 펼치고
동영상 강의를 보면서
학습을 시작합니다.

 × ×
동영상 강의 보기   mp3 파일 듣기

직접 말해 보기 　입과 표정 준비 완료!

🎧 24-1.mp3

너 어디 가?

뜌　바(v)　우
Tu vas où ?

'Tu vas ~?'는 '너는 ~에 가?'라는 뜻이에요.
상대방이 가는 곳에 대해 물어볼 수 있어요. 길에서 친구를 만났을 때,
무엇을 하는지 물어볼 때 등 정말 다양한 상황에서 쓸 수 있는 표현이에요.

Tu vas à la fac ?
[뜌 바(v) 알라 팍(f)ㅋ]

너 (대)학교 가?

Tu vas au supermarché ?
[뜌 바(v) 오 쒸뻬ㅎ막쉐]

너 마트 가?

Tu vas à Paris ?
[뜌 바(v) 아 빠히]

너 파리 가?

Tu vas à la plage ?
[뜌 바(v) 알라 쁠라쥬]

너 바닷가 가?

 ♀ **la fac** (faculté의 줄임말) 학부, 단과 대학　♂ **le supermarché** 슈퍼마켓, 마트　**Paris** 파리
♀ **la plage** 바닷가

문장 파헤치기 : 파헤치면 이해된다!

문법 확인하기

주어　　동사　　전치사　　장소

Tu + vas + à + _____ ?

aller 동사의 변화

aller 동사는 '(~에) 가다'라는 의미로, 영어의 go 동사와 비슷한 동사였죠. aller 동사가 주어 Tu와 만났을 때는 vas로 변한답니다. aller 동사 뒤에 전치사 à를 넣어 '~에 가다'라고 말할 수 있어요. 우리는 가까운 사람들에게 어디에 가는지 자주 물어보곤 하죠. 많이 사용하는 동사인 만큼 열심히 연습해 봐요!

발음 클리닉 강의 또는 음성을 들으면서 따라하면 더 쉬워요!

supermarché [쒸뻬ㅎ막쉐]	**Paris** [빠히]
u 발음은 '우' 입모양에 [이] 소리를 내면 비슷하다고 했죠? marché의 mar은 [막]으로 발음하면 됩니다. 그리고 ch는 영어의 [sh] 소리가 난다고 했었죠? 천천히 발음해 보며 연습해요!	우리가 '파리'로 알고 있던 단어죠. [빠히]로 말하면 더 자연스럽게 발음할 수 있답니다!

소통하기 : 배운 표현으로 회화 연습을 해 보자!

지난 파트와 이번 파트에서 배운 내용으로 이제 소통을 할 수 있게 되었습니다.
아래 대화를 들으면서 따라해 보고, 역할을 맡아 연습도 해 봅시다.

🎧 24-2.mp3

#1 **Tu vas où ? Tu vas à la fac ?**
뜌 바(v) 우   뜌 바(v) 알 라 팍(f)ㅋ

 **Oui, je vais à la fac. Je vais prendre le bus.**
우이 쥬 베(v) 알 라 팍(f)ㅋ 쥬 베(v) 프헝드흐 르 뷔스

#2 **Tu vas au supermarché ce week-end ?**
뜌 바(v) 오   쉬뻬ㅎ막쉐   쓰   위껜ㄷ

 **Non, je vais au supermarché aujourd'hui.**
농 쥬 베(v) 오   쉬뻬ㅎ막쉐   오쥬ㅎ듀이

#3 **Tu vas à Paris ?**
뜌 바(v) 아 빠히

 **Oui, je vais à Paris en TGV.**
우이 쥬 베(v) 아 빠히 엉 떼줴베(v)

#4 **Tu vas où ? Tu vas à la plage ?**
뜌 바(v) 우   뜌 바(v) 알 라 쁠라쥬

 **Oui, je vais à la plage maintenant.**
우이 쥬 베(v) 알 라 쁠라쥬   맛넝

 prendre le bus 버스를 타다 | **ce week-end** 이번 주말에 | **en** ~(으)로
TGV [떼줴베(v)] 고속 열차(Train à grande vitesse의 약자) | **maintenant** 지금

[회화 학습법]

❶ 무방비 상태로 듣기 ❷ 한 문장씩 듣고 따라하기 ❸ 대본 확인하기 ❹ 롤플레잉

#1 베베숑 너 어디 가? 학교 가?
　　꼬끄　응, 나 학교 가. 나 버스 탈 거야.

#2 베베숑 너 이번 주말에 마트 가?
　　꼬끄　아니, 나 오늘 마트 가.

#3 베베숑 너 파리 가?
　　꼬끄　응, 나 TGV 타고 파리 가.

#4 베베숑 너 어디 가? 바닷가 가니?
　　꼬끄　응, 나 지금 바닷가에 가.

aller + 동사원형

aller 동사는 '가다'라는 뜻도 있지만, 가까운 미래에 대해 말할 때도 사용합니다. aller 뒤에 동사원형을 쓰면 '~을 할 것이다'라는 뜻이 됩니다.

　예　Je vais prendre le bus. [쥬 베(v) 프헝드흐 르 뷰스] 나 버스 탈 거야.
　예　Tu vas aller à Séoul ? [뜌 바(v) 알레 아 세울] 너 서울 갈 거야?

문제로 확인하기 : 이해도를 점검해 보자!

1. aller 동사가 주어 Tu와 만날 때 어떻게 변하는지, 주어와 함께 써 보세요.

➡ _____

2. 다음 단어들을 순서에 맞게 배열하세요. (동사는 주어에 맞게 변형시키세요.)

❶ aller / Tu / fac / à / la   ➡ _____ (너 (대)학교에 가?)

❷ au / supermarché / Tu / aller   ➡ _____ (너 마트에 가?)

❸ Paris / à / aller / Tu   ➡ _____ (너 파리에 가?)

❹ plage / Tu / aller / la / à   ➡ _____ (너 바닷가에 가?)

3. 질문에 알맞은 대답을 연결하세요.

❶ Tu vas à la fac ?   ·   · Non, je ne vais pas au supermarché.

❷ Tu vas au supermarché ?   ·   · Oui, je vais à la plage maintenant.

❸ Tu vas à Paris ?   ·   · Oui, je vais à la fac.

❹ Tu vas à la plage ?   ·   · Oui, je vais à Paris en TGV.

25과

학습일 :   월   일

너 무엇을 원해?

뚜 브(v) 꾸아
Tu veux quoi ?

🎧 25-0.mp3   무방비 상태로 3번씩 들어 보기 👂   무슨 뜻일까요?

Tu veux du fromage ?

Tu veux du changement ?

Tu veux sortir ?

Tu veux apprendre le français ?

상대방이 원하는 것을 물어볼 수 있어요.

책을 펼치고
동영상 강의를 보면서
학습을 시작합니다.

       동영상 강의 보기   mp3 파일 듣기

직접 말해 보기 : 입과 표정 준비 완료!

🎧 25-1.mp3

너 무엇을 원해?

뚜   브(v)   꾸아
Tu veux quoi ?

'Tu veux ~?'는 '너는 ~을 원해?'라는 뜻이에요.
상대방에게 원하는 것이 있는지, 하고 싶은 것이 있는지 물어볼 수 있어요.

Tu veux du fromage ?   너 치즈 원해?
[뚜 브(v) 듀 프(f)호마쥬]

Tu veux du changement ?   너 변화를 원하니?/
[뚜 브(v) 듀 셩쥬멍]   변화를 주고 싶니?

Tu veux sortir ?   너 나가고 싶어?
[뚜 브(v) 쏘띠ㅎ]

Tu veux apprendre le français ? 너 프랑스어 배우고 싶어?
[뚜 브(v) 아프헝드흐 르 프(f)헝쎄]

 ⇡ **du fromage** 치즈 ⇡ **du changement** 변화 **sortir** 나가다
apprendre le français 프랑스어를 배우다

문장 파헤치기 : 파헤치면 이해된다!

문법 확인하기

주어　　　동사　　　명사 / 동사원형

Tu + veux + _____ ?

vouloir 동사의 변화

PART 2의 14과에서 배웠던 vouloir 동사, 기억나시나요? '원하다'라는 의미로, 영어의 want 동사와 비슷한 동사였어요. vouloir 뒤에는 명사가 올 수도 있고, 동사원형이 올 수도 있습니다. vouloir 동사가 주어 Tu와 만났을 때는 veux로 변한답니다. 주어 Je가 vouloir 동사를 만났을 때랑 똑같죠?

발음 클리닉   강의 또는 음성을 들으면서 따라하면 더 쉬워요!

fromage [프(f)호마쥬]	**sortir** [쏘띠흐]
g는 뒤에 'a, o, u'가 오면 [ㄱ]으로, 'e, i, y'가 오면 [ㅈ]으로 발음합니다. 이 단어에서는 g뒤에 e가 왔기 때문에 [ㅈ]로 발음합니다. 그래서 [프(f)호마그]가 아닌 [프(f)호마쥬]로 발음합니다.	sortir의 sor은 [쏘흐]가 아닌 [쏙]으로 발음합니다. 마지막 r는 아주 약하게 발음합니다.

소통하기 : 배운 표현으로 회화 연습을 해 보자!

지난 파트와 이번 파트에서 배운 내용으로 이제 소통을 할 수 있게 되었습니다.
아래 대화를 들으면서 따라해 보고, 역할을 맡아 연습도 해 봅시다.

🎧 25-2.mp3

#1 Tu veux quoi ? Tu veux du fromage ?
    뜌 브(v) 꾸아   뜌 브(v) 듀 프(f)호마쥬

    Non, je veux du jambon.
    농 쥬 브(v) 듀 졍봉

#2 Tu veux du changement dans ton espace ?
    뜌 브(v) 듀   셩쥬멍   덩   또네스빠쓰

    Oui, je veux !
    우이 쥬 브(v)

#3 Tu veux sortir avec Jean ?
    뜌 브(v) 쏙띠흐 아벡(v) 졍

    Non, je ne veux pas sortir avec lui.
    농 쥬 느 브(v) 빠 쏙띠흐 아벡(v) 류이

#4 Tu veux apprendre le français ?
    뜌 브(v) 아프헝드흐 르 프(f)헝쎄

    Oui ! Je veux vraiment apprendre le français !
    우이 쥬 브(v) 브(v)헤멍   아프헝드흐 르 프(f)헝쎄

단어 ⇧ du jambon 햄 | dans ~안에 | ton 너의 | ⇧ espace 공간 | lui '그'를 뜻하는 강세형 인칭 대명사

[회화 학습법]

❶ 무방비 상태로 듣기   ❷ 한 문장씩 듣고 따라하기   ❸ 대본 확인하기   ❹ 롤플레잉

#1 베베숑 무엇을 원해? 치즈?
   꼬끄   아니, 나는 햄을 원해.

#2 베베숑 네 공간에 변화를 원하니?
   꼬끄   응, 원해!

#3 꼬끄   너 정이랑 데이트 하고 싶어?
   베베숑 아니, 나 걔랑 데이트 하고 싶지 않아.

#4 베베숑 너 프랑스어 배우고 싶어?
   꼬끄   응! 나 프랑스어 정말 배우고 싶어!

sortir avec A : A와 데이트하다

sortir 동사는 '나가다'라는 뜻이지만 avec를 붙이면 '데이트하다'로도 사용합니다. 그리고 연인 사이에서 '사귀다'라는 뜻으로 사용되기도 해요. 영어에서도 go out이 '나가다'라는 뜻이지만, go out with는 '데이트하다/사귀다'라는 뜻으로도 사용되죠!

sortir 동사가 주어 Je, Tu와 만나면, 두 경우 모두 sors으로 변합니다.

- 예) Je sors avec Marie. [쥬 쏘ㅎ 아벡(v) 마히] 나 마리랑 데이트해. (나 마리랑 사귀어.)
- 예) Tu sors avec lui aujourd'hui ? [뜌 쏘ㅎ 아벡(v) 류이 오쥬ㅎ듀이] 너 오늘 그 남자랑 데이트해?

문제로 확인하기 : 이해도를 점검해 보자!

1. vouloir 동사가 주어 Tu와 만날 때 어떻게 변하는지, 주어와 함께 써 보세요.

➡ _____

2. 다음 단어들을 순서에 맞게 배열하세요. (동사는 주어에 맞게 변형시키세요.)

❶ du / Tu / fromage / vouloir   ➡ _____ (너 치즈 원해?)

❷ sortir / vouloir / Tu   ➡ _____ (너 나가고 싶어?)

❸ changement / du / Tu / vouloir

➡ _____ (너 변화를 원하니?)

❹ français / Tu / vouloir / le / apprendre

➡ _____ (너 프랑스어 배우고 싶어?)

3. 질문에 알맞은 대답을 연결하세요.

❶ Tu veux du fromage ?   •   • Non, je ne veux pas sortir avec lui.

❷ Tu veux du changement ?   •   • Oui, je veux du changement.

❸ Tu veux sortir avec lui ?   •   • Non, je veux du jambon.

❹ Tu veux apprendre le français ?   •   • Oui ! Je veux vraiment apprendre le français !

26과

너는 무엇을 할 수 있어?

뜌 쁘 페(f)ㅎ 꾸아
Tu peux faire quoi ?

🎧 26-0.mp3   무방비 상태로 3번씩 들어 보기 👂   무슨 뜻일까요?

Tu peux faire ça ?

Tu peux faire du ski ?

Tu peux m'aider ?

Tu peux entrer.

상대방이 할 수 있는 것에 대해 물어볼 수 있고,
상대방에게 해도 된다고 말할 수도 있어요.

책을 펼치고
동영상 강의를 보면서
학습을 시작합니다.

동영상 강의 보기   mp3 파일 듣기

직접 말해 보기 : 입과 표정 준비 완료!

🎧 26-1.mp3

너는 무엇을 할 수 있어?
뚜　　쁘　　페(f)ㅎ　　꾸아
Tu peux faire quoi ?

'Tu peux ~?'는 '너는 ~을 할 수 있어?'라는 뜻이에요.
상대방이 할 수 있는 것에 대해 물어볼 수 있어요.
그리고 평서문으로 사용할 땐, '너 ~해도 돼.'라는 뜻도 됩니다!

Tu peux faire ça ? 　　　　　너 이거 할 수 있어?
[뚜 쁘 페(f)ㅎ 싸]

Tu peux faire du ski ? 　　　너 스키 탈 수 있어?
[뚜 쁘 페(f)ㅎ 듀 스끼]

Tu peux m'aider ? 　　　　　나 도와줄 수 있어?
[뚜 쁘 메데]

Tu peux entrer. 　　　　　　너 들어와도 돼.
[뚜 쁘 엉트헤]

단어 ça 이것, 저것, 그것 (상황에 따라 다르게 쓰임) | faire du ski 스키를 타다 | m' (me) 나를 | aider 돕다
entrer 들어가다

Tip Tu peux me aider의 me + aider 에서 모음과 모음이 만나 축약되어 m'aider로 씁니다.

170

문장 파헤치기 : 파헤치면 이해된다!

문법 확인하기

주어   동사   동사원형

Tu + peux + _____ ?

pouvoir 동사의 변화

PART 2의 15과에서 배웠던 pouvoir 동사, 기억나시나요? '할 수 있다'라는 의미로, 영어의 can 동사와 비슷한 동사였어요. pouvoir 동사 뒤에는 항상 동사원형이 온답니다. 주어 Tu와 만났을 때는 peux로 변해요. 주어 Je와 만났을 때와 동일하죠?

발음 클리닉 강의 또는 음성을 들으면서 따라하면 더 쉬워요!

ski [스끼]	aider [에데]
k를 [ㅋ] 발음이 아닌, [ㄲ]로 발음합니다.	ai는 언제나 [에]로 발음합니다. 그리고 e의 기본 발음은 [으] 이지만, e 뒤에 소리가 나지 않는 자음이 올 경우에는 [에]로 발음합니다. aider의 r는 단어의 맨 끝에 위치해 있어 소리가 나지 않기 때문에 [에드]가 아닌 [에데]로 발음합니다.

소통하기 : 배운 표현으로 회화 연습을 해 보자!

지난 파트와 이번 파트에서 배운 내용으로 이제 소통을 할 수 있게 되었습니다.
아래 대화를 들으면서 따라해 보고, 역할을 맡아 연습도 해 봅시다.

🎧 26-2.mp3

#1  Tu peux faire ça ?
뒤 쁘 페(f)ㅎ 싸

 Oui, je peux faire ça pour toi.
우이 쥬 쁘 페(f)ㅎ 싸 뿍 뚜아

#2  Tu peux faire du ski ?
뒤 쁘 페(f)ㅎ 듀 스끼

 Oui, je fais du ski demain !
우이 쥬 페(f) 듀 스끼 드망

#3  Tu peux faire quoi ? Tu peux m'aider ?
뒤 쁘 페(f) 꾸아 뒤 쁘 메데

 Non, désolé(e). Mais je peux t'aider le soir.
농 데졸레 메 쥬 쁘 떼데 르 쑤와ㅎ

#4  Tu peux entrer.
뒤 쁘 엉트헤

 Merci !
멕씨

 pour ~을 위해 | **toi** 'tu'의 강세형 인칭대명사 | **Désolé(e).** 미안해. | **mais** 하지만 | **le soir** 저녁에 |
Merci. 고마워/고마워요.

172

[회화 학습법]

❶ 무방비 상태로 듣기　❷ 한 문장씩 듣고 따라하기　❸ 대본 확인하기　❹ 롤플레잉

#1　베베숑　너 이거 할 수 있어?
　　꼬끄　응, 너를 위해 할 수 있지.

#2　베베숑　너 스키 탈 수 있어?
　　꼬끄　응, 나 내일 스키 타!

#3　베베숑　너 무엇을 해줄 수 있어? 나 도와줄 수 있어?
　　꼬끄　아니, 미안해. 하지만 저녁에는 도와줄 수 있어.

#4　베베숑　들어와도 돼.
　　꼬끄　고마워!

Tu peux의 3가지 의미

❶ ~을 할 수 있다 : 가장 기본적인 의미로, 영어 can 동사와 같습니다.
　예) Tu peux faire la cuisine ? [뜌 쁘 페(f)ㅎ 라 뀌진] 너 요리할 수 있어?

❷ ~을 해도 된다 : 상대방에게 무언가를 허락하는 의미로도 자주 사용합니다.
　예) Tu peux rester ici. [뜌 쁘 헤스떼 이씨] 너 여기 머물러도 돼.

❸ ~을 해줄 수 있다 : ❶과 비슷하지만, 부탁의 의미로도 사용할 수 있습니다.
　예) Tu peux me donner ton numéro de téléphone ? [뜌 쁘 므 도네 똥 뉴메호 드 뗄레폰(f)]
　　너의 휴대폰 번호 좀 줄 수 있어?

| 단어 | faire la cuisine 요리하다 | rester 머물다 | ici 여기 | me 나에게 | donner 주다 | ton 너의 |
numéro 번호 | de ~의 | téléphone 전화, 전화기

문제로 확인하기 : 이해도를 점검해 보자!

1. pouvoir 동사가 주어 Tu와 만날 때 어떻게 변하는지, 주어와 함께 써 보세요.

➡ _____

2. 다음 단어들을 순서에 맞게 배열하세요. (동사는 주어에 맞게 변형시키세요.)

① faire / Tu / ça / pouvoir ➡ _____ (너 이거 할 수 있어?)

② pouvoir / du / Tu / ski / faire ➡ _____ (너 스키 탈 수 있어?)

③ pouvoir / me / Tu / aider ➡ _____ (나 도와줄 수 있어?)

④ entrer / Tu / pouvoir ➡ _____ (들어와도 돼.)

3. 질문에 알맞은 대답을 연결하세요.

① Tu peux faire ça ?　　·　　　　· Merci !

② Tu peux faire du ski ? ·　　　　· Oui, je peux faire ça pour toi.

③ Tu peux m'aider ?　　·　　　　· Oui, je fais du ski demain !

④ Tu peux entrer.　　　·　　　　· Non, je ne peux pas t'aider.

27과

학습일 :　　월　　일

너는 무엇을 해야 해?

뜌　　두와　　페(f)흐　　꾸아
Tu dois faire quoi ?

27-0.mp3 　　무방비 상태로 3번씩 들어 보기 　　무슨 뜻일까요?

Tu dois y aller ?

Tu dois étudier le japonais ?

Tu dois descendre ici ?

Tu dois prendre le bus ?

상대방이 해야 하는 것에 대해 물어볼 수 있어요.

책을 펼치고
동영상 강의를 보면서
학습을 시작합니다.

 동영상 강의 보기   mp3 파일 듣기

직접 말해 보기 : 입과 표정 준비 완료!

🎧 27-1.mp3

너는 무엇을 해야 해?

뜌 두와 페(f)흐 꾸아
Tu dois faire quoi ?

'Tu dois ~?'는 '너는 ~을 해야 해?'라는 뜻이에요.
이 표현만 알고 있으면, 상대방이 무엇을 해야 하는지,
해야 하는 것이 있는지 물어볼 수 있어요.

Tu dois y aller ?
[뜌 두와 이 알레]

너 가야 해?

Tu dois étudier le japonais ?
[뜌 두와 에뜌디에 르 쟈뽀네]

너 일본어 공부해야 해?

Tu dois descendre ici ?
[뜌 두와 데썽드흐 이씨]

너 여기서 내려야 해?

Tu dois prendre le bus ?
[뜌 두와 프헝드흐 르 뷰스]

너 버스 타야 해?

 단어

y aller (~에) 가다 | étudier 공부하다 | le japonais 일본어 | descendre 내리다, 내려가다 | ici 여기 | prendre le bus 버스를 타다

문장 파헤치기 : 파헤치면 이해된다!

문법 확인하기

주어 　　동사 　　동사원형

Tu + dois + _____ ?

devoir 동사의 변화

PART 2의 16과에서 배웠던 devoir 동사, 기억나시나요? '해야 한다'라는 의미로, 영어의 must 동사와 비슷한 동사였어요. devoir 동사 뒤에는 항상 동사원형이 온답니다. 그리고 주어 Tu와 만났을 때는 dois로 변해요. 주어 Je와 만났을 때와 동일하죠?

발음 클리닉　강의 또는 음성을 들으면서 따라하면 더 쉬워요!

japonais [쟈뽀네]	**descendre** [데썽드흐]
p는 [ㅍ] 발음이 아닌, [ㅃ]로 발음해요. ai는 [에]로 발음하고, 뒤의 s는 발음하지 않았죠?	sc는 'e, i, y'와 만나면 [ㅆ]로 발음하고, 'a, o, u'와 만나면 [sk] 그대로 발음해요. 여기에서는 sc뒤에 e가 왔기 때문에 [ㅆ]로 발음하면 됩니다.

177

소통하기 : 배운 표현으로 회화 연습을 해 보자!

지난 파트와 이번 파트에서 배운 내용으로 이제 소통을 할 수 있게 되었습니다.
아래 대화를 들으면서 따라해 보고, 역할을 맡아 연습도 해 봅시다.

🎧 27-2.mp3

#1 **Tu dois y aller, ou tu peux rester ?**
뜌 두와 이 알레 우 뜌 쁘 헤스떼

Je dois y aller maintenant.
쥬 두와 이 알레 맛넝

#2 **Tu dois étudier le japonais ?**
뜌 두와 에뜌디에 르 쟈뽀네

Oui, je vais au Japon ce week-end.
우이 쥬 베(v) 오 쟈뽕 쓰 위껜드

#3 **Tu dois descendre ici ?**
뜌 두와 데썽드흐 이씨

Oui, je dois descendre ici.
우이, 쥬 두와 데썽드흐 이씨

#4 **Tu dois prendre le bus ?**
뜌 두와 프헝드흐 르 뷔스

Non, je peux prendre le métro.
농 쥬 쁘 프헝드흐 르 메트호

단어 y aller (~에) 가다 │ étudier 공부하다 │ 🔊 le japonais 일본어 │ descendre 내리다, 내려가다 │
ici 여기 │ prendre le bus 버스를 타다 │ 🔊 le métro 지하철

[회화 학습법]
❶ 무방비 상태로 듣기   ❷ 한 문장씩 듣고 따라하기   ❸ 대본 확인하기   ❹ 롤플레잉

#1 베베숑 너 가야 해, 아니면 남을 수 있어?
    꼬끄   나 지금 가야 해.

#2 베베숑 너 일본어 공부해야 해?
    꼬끄   응, 나 이번 주말에 일본 가거든.

#3 베베숑 너 여기서 내려야 해?
    꼬끄   응, 나 여기서 내려야 해.

#4 베베숑 너 버스 타야 해?
    꼬끄   아니, 나 지하철 타도 돼.

'~해야 한다'의 2가지 표현

❶ **devoir** : devoir는 '꼭 해야 하는 일'에 대해 말할 때 사용해요.

❷ **avoir besoin de + 동사 원형** : '~을 할 필요가 있다'와 같이 조금 더 가벼운 느낌의 숙어입니다.

예 J'ai besoin d'aller au supermarché. [줴 브쥬앙 달레 오 쒸뻬ㅎ막쉐] 나 마트에 가야 할 것 같아.

예 Tu as besoin de dormir. [뚜 아 브쥬앙 드 도ㅎ미] 너는 좀 잘 필요가 있어.

| 단어 | aller au supermarché 마트에 가다 | dormir 자다

문제로 확인하기 : 이해도를 점검해 보자!

1. devoir 동사가 주어 Tu와 만날 때 어떻게 변하는지, 주어와 함께 써 보세요.

➡ _____

2. 다음 단어들을 순서에 맞게 배열하세요. (동사는 주어에 맞게 변형시키세요.)

① y / Tu / aller / devoir ➡ _____ (너 가야 해?)

② japonais / le / Tu / étudier / devoir

➡ _____ (너 일본어 공부해야 해?)

③ devoir / descendre / Tu / ici

➡ _____ (너 여기서 내려야 해?)

④ le / Tu / bus / devoir / prendre

➡ _____ (너 버스 타야 해?)

3. 질문에 알맞은 대답을 연결하세요.

① Tu dois y aller ?   ·   · Oui, je dois descendre ici.

② Tu dois étudier le japonais ? ·   · Oui, je vais au Japon ce week-end.

③ Tu dois descendre ici ?   ·   · Non, je peux prendre le métro.

④ Tu dois prendre le bus ?   ·   · Oui, je dois y aller maintenant.

프랑스어 은어

우리말에 유행어 또는 일상 언어로 사용되는 은어가 많이 있죠.
프랑스어도 마찬가지입니다. 은어를 만드는 방법은 여러 가지가 있어요.
단어를 거꾸로 발음하기도 하고, 다른 언어와 혼합하기도 합니다.
이렇게 만들어진 은어는 프랑스인들의 일상생활에서 아주 많이 사용되고 있습니다.

1
Un mec
[앙 멕]
남자

2
Une meuf
[윈 머f]
여자

3
Kiffer
[키페(f)]
좋아하다

4
Le fric
[르 프(f)힉]
돈

5
C'est chelou.
[쎄 슐루]
이상하다.

6
Faire dodo
[페(f)ㅎ 도도]
자다/자러가다

1 **Un mec** : '남자(homme)'라는 뜻의 은어예요. 젊은 층에서 homme보다 자주 쓰이는 단어입니다. 어떤 상황에서든지 '남자'를 지칭할 때 사용할 수 있습니다.

2 **Une meuf** : '여자(femme)'라는 뜻의 은어예요. femme의 발음은 [팜(f)므]인데, 발음을 거꾸로 한 거예요. 젊은 층에서 femme보다 자주 쓰이는 단어입니다.

3 **Kiffer** : '좋아하다'라는 뜻의 은어예요. 우리가 배운 '좋아하다' 동사는 aimer죠? 아랍어에 '즐거움, 기쁨'이라는 뜻의 'kiff'라는 단어가 있는데, 이 단어에 프랑스어의 동사 어미 -er가 붙어서 만들어진 동사랍니다. "Je t'aime." 대신에 "Je te kiffe."를 사용할 수 있습니다. 이 단어도 정말 자주 사용된답니다.

4 **Le fric** : '돈(argent)'이라는 뜻의 은어예요. 일상생활에서 '돈'에 관한 말을 할 때 정말 자주 사용하는 단어입니다.

5 **C'est chelou.** : chelou는 '이상한'이라는 뜻의 은어예요. louche[루슈]라는 단어가 있는데, 발음을 거꾸로 한 거예요. 젊은 층에서 '이상하다'라는 말을 할 때 자주 사용합니다.

6 **Faire dodo** : '자다'라는 뜻의 은어예요. '자다'를 뜻하는 동사 dormir[도흐미]에서 파생되었어요. dodo라는 단어가 주는 귀여운 느낌처럼 아이들이 주로 사용하는 말이지만, 평상시에 귀엽게 이야기할 때도 사용할 수 있습니다.

> **Plus**
> Faire dodo를 우리가 배운 faire 동사의 변형을 활용해서 말할 수 있습니다.
> 예 Je fais dodo. [쥬 페(f) 도도] 나는 잔다. / 자러 간다.
> Tu fais dodo ? [뜌 페(f) 도도] 너 자? / 자러 가?

PART 4

여행하기

이런 말을 할 수 있어요

#커피 한 잔 주세요 #와이파이 있나요?
#약국을 찾고 있어요 #화장실은 어디에 있나요?
#이 목걸이 얼마예요? #머리가 아파요
+ 프랑스어 학습 팁

PART 2와 PART 3에서는 일상에서 사용할 수 있는

기본적인 회화 표현들을 배웠어요!

PART 4에서는 프랑스 여행에서 사용할 수 있는 표현들을 배워 볼 거예요.

여행에서는 모르는 사람에게 무언가를 물어보거나 부탁할 일이 많은데,

어떻게 말해야 할지 모르면 제한된 여행을 할 수밖에 없죠.

프랑스어에는 높임을 나타내는 주어가 있다는 것 기억하시나요?

PART 4에서 배울 건데요, 바로 'Vous [부(v)]'입니다!

처음 만나는 상대, 가게나 음식점의 직원에게 사용할 수 있는 주어예요.

여행 시에는 상대방에게 이 주어를 사용하면 되겠죠?

PART 4를 공부하고 나면, 여러분은 프랑스어로 내가 필요한 것을 말하고,

주문을 하고, 모르는 것을 묻고, 부탁도 할 수 있을 거예요!

표현을 배운 뒤 실제로 적용할 수 있도록 '소통하기'도 준비했습니다.

그렇다면, 지금 바로 두근두근 프랑스 여행을 시작할까요?

28과

커피 한 잔 주세요.

앙 꺄페(f) 씰 부(v) 쁠레
Un café, s'il vous plaît.

🎧 28-0.mp3   무방비 상태로 3번씩 들어 보기 👂   무슨 뜻일까요?

Un café, s'il vous plaît.

Un coca, s'il vous plaît.

Un jus d'orange, s'il vous plaît.

비행기, 카페, 레스토랑, 관광지 등 어느 곳에서나 유용하게 쓸 수 있어요.

책을 펼치고
동영상 강의를 보면서
학습을 시작합니다.

동영상 강의 보기   mp3 파일 듣기

직접 말해 보기 : 입과 표정 준비 완료!

🎧 28-1.mp3

~주세요.

씰 부(v) 쁠레
~, s'il vous plaît.

여행을 가면, 무언가를 주문할 일이 참 많죠.
알아두면 아주 다양한 곳에서 활용할 수 있어요.
먼저, 음료부터 주문해 볼까요?

Un café, s'il vous plaît.   커피 한 잔 주세요.
[앙 꺄페(f) 씰부(v)쁠레]

Un coca, s'il vous plaît.   콜라 한 잔 주세요.
[앙 꼬꺄 씰부(v)쁠레]

Un jus d'orange, s'il vous plaît.   오렌지 주스 한 잔 주세요.
[앙 쥐 도헝쥬 씰부(v)쁠레]

단어 🔊 un café 커피 🔊 un coca 콜라 🔊 un jus d'orange 오렌지 주스

Tip 친구 사이나 편한 사이에서 부탁을 할 경우, "s'il te plaît. [씰뜨쁠레]"를 사용하면 됩니다.

문장 파헤치기 : 파헤치면 이해된다!

문법 확인하기

_____, s'il vous plaît.

❶ 단어 + s'il vous plaît.
어떤 메뉴를 주문하거나, 어떤 물건을 가져다 주길 부탁할 때 사용합니다.
- Un café, s'il vous plaît. [앙 꺄페(f) 씰부(v)쁠레] 커피 한 잔 주세요.

❷ 문장 + s'il vous plaît.
물어보거나 부탁하는 문장 뒤에 붙여, 더 공손한 표현으로 만들 수 있습니다.
- Je veux du fromage, s'il vous plaît. [쥬 브(v) 듀 프(f)호마쥬 씰부(v)쁠레]
  저는 치즈 부탁합니다.

발음 클리닉 강의 또는 음성을 들으면서 따라하면 더 쉬워요!

plaît [쁠레]	orange [오헝쥬]
i와 î의 발음은 [이]로 같습니다. ai를 [에]로 발음했던 것처럼, aî도 [에]로 발음합니다.	an은 [엉]으로 발음합니다. g가 e와 만났을 땐, [ㄱ] 발음이 아닌 [ㅈ]으로 발음합니다.

패턴 연습 : 단어를 바꿔가며 말해 보자!

🎧 28-2.mp3

☐ 부탁합니다 / 주세요.

씰 부(v) 쁠레
☐, s'il vous plaît.

음료뿐만 아니라, 더 다양한 것들을 주문하고, 부탁할 수 있어요!
s'il vous plaît 앞의 단어를 바꾸며 연습해 보세요.

❶ L'addition
[라디씨옹]

계산서 부탁합니다. 🗣

❷ Une carafe d'eau
[윈 꺄하프(f) 도]

물 한 병 부탁합니다. 🗣

❸ Un billet
[앙 비예]

표 한 장 주세요. 🗣

❹ Un sac
[앙 싹]

봉투 하나 주세요. 🗣

단어 ♀ l'addition 계산서 ♀ une carafe 한 병 d' (de) ~의 ♀ l'eau 물 ♂ un billet 표
♂ un sac 봉투, 가방

Tip "S'il vous plaît !"라고만 하면, "저기요!"라고 직원을 부르는 표현으로도 사용할 수 있습니다.

소통하기: 진짜처럼 연습해 보자!

다음은 프랑스어로 주문을 하거나 부탁하는 상황입니다.
질문과 함께 앞에서 배운 표현을 연습해 볼까요?

🎧 28-3.mp3

#1 점원 **Bonjour !**
안녕하세요!

나 **Bonjour ! Un jus d'orange et un café, s'il vous plaît.**
안녕하세요! 오렌지 주스 한 잔이랑 커피 한 잔 주세요.

#2 나 **S'il vous plaît !**
저기요!

점원 **Oui, madame.**
네, 손님.

나 **Une carafe d'eau et l'addition, s'il vous plaît.**
물 한 병과 계산서 부탁합니다.

#3 점원 **30 euros, monsieur.**
30유로입니다, 손님.

나 **D'accord, et un sac, s'il vous plaît.**
네, 그리고 봉투 하나 주세요.

단어 et [에] 그리고 | madame [마담] 여성에 대한 존칭 | 30 euros [트헝 뜌호] 30유로(부록 숫자 참고 – p.230) |
monsieur [므씨유] 남성에 대한 존칭 | D'accord. [다꼬흐] 네/알겠습니다. (편한 사이에서도 사용 가능)

문제로 확인하기 : 이해도를 점검해 보자!

1. 다음 문장에 관련된 그림을 연결하세요.

Un café, s'il vous plaît.   •   •

Un jus d'orange, s'il vous plaît.   •   •

Un coca, s'il vous plaît.   •   •

2. 〈보기〉의 단어를 활용하여 문장을 만드세요.

L'addition	Une carafe d'eau	Un café
Un sac	Un billet	Un coca

❶ 계산서 부탁합니다.   ➜ _____ .

❷ 물 한 병 주세요.   ➜ _____ .

❸ 봉투 하나 주세요.   ➜ _____ .

❹ 표 한 장 주세요.   ➜ _____ .

29과

와이파이 있나요?

부(v)   쟈베(v)   듀   위피(f)
Vous avez du wi-fi ?

🎧 29-0.mp3   무방비 상태로 3번씩 들어 보기 👂   무슨 뜻일까요?

Vous avez du wi-fi ?

Vous avez des serviettes ?

Vous avez des boissons sans alcool ?

필요한 것이 있을 때, 그것이 있는지 물어볼 수 있어요.

책을 펼치고
동영상 강의를 보면서
학습을 시작합니다.

 동영상 강의 보기   ×   mp3 파일 듣기   ×

직접 말해 보기 : 입과 표정 준비 완료!

🎧 29-1.mp3

~ 있나요?

부(v) 쟈베(v)
Vous avez ~?

여행 중에는 언어 때문에 원하는 게 있더라도 참는 경우가 많죠.
이 표현만 알면 가게나 레스토랑에서 나에게 필요한 게 있는지 물어볼 수 있어요.
이제는 참지 말고 자신 있게 물어보기로 해요!

Vous avez du wi-fi ? 　　　　　　　　　와이파이 있나요?
[부(v)쟈베(v) 듀 우이피(f)]

Vous avez des serviettes ? 　　　　　　냅킨 있나요?
[부(v)쟈베(v) 데 쎄흐비(v)에뜨]

Vous avez des boissons sans alcool ? 무알콜 음료 있나요?
[부(v)쟈베(v) 데 부아쏭 썽쟐꼴]

단어　du wi-fi 와이파이　♀ une serviette 냅킨　♀ une boisson 음료　sans ~가 없는
　　　　♂ l'alcool 알콜, 술

Tip 위 문장들 뒤에 s'il vous plaît.를 붙여서 조금 더 공손하게 물어볼 수 있어요.

문장 파헤치기 : 파헤치면 이해된다!

문법 확인하기

주어　　　동사　　　　목적어

Vous + avez + _____ ?

avoir 동사의 변화

avoir 동사는 '~을 가지다'라는 의미였어요. PART 2와 PART 3에서도 배웠었죠? avoir 동사는 주어 vous와 만나면 avez로 변합니다.

평서문과 의문문

PART 3에서 이미 의문문에 대해 다뤘었죠! 평서문 끝에 물음표만 붙여 주고, 억양만 살짝 올리면 의문문을 만들 수 있었어요. 반대로 물음표를 떼고, 억양을 내리면 이번 과에서 배운 문장들을 평서문으로 만들 수 있습니다.

- 예) Vous avez du wi-fi. 와이파이가 있네요.

발음 클리닉 강의 또는 음성을 들으면서 따라하면 더 쉬워요!

boisson [부와쏭]	sans alcool [썽잘꼴]
oi는 [우와]로 발음하고, ss는 [ㅆ]로 발음합니다. on은 언제나 [옹]으로 발음합니다.	원래 sans의 발음은 [썽]으로, 마지막의 s를 발음하지 않습니다. 그런데 sans 뒤에 모음으로 시작되는 단어 alcool이 오면서, 발음하지 않던 s가 연음으로 인해 [z] 소리로 발음합니다.

패턴 연습 : 단어를 바꿔가며 말해 보자!

🎧 29-2.mp3

☐ 있나요?

부(v)   쟈베(v)
Vous avez ☐ ?

꼭 메뉴판에 있는 것이 아니더라도, 필요한 것이 있을 때가 있죠.
이 표현 하나로 원하는 것을 다 물어볼 수 있어요.

① **de la glace**   아이스크림 있나요?
   [들 라 글라쓰]

② **du thé**   차(tea) 있나요?
   [듀 떼]

③ **du sucre**   설탕 있나요?
   [듀 쒸크ㅎ]

④ **du lait**   우유 있나요?
   [듈 레]

단어 de la glace 아이스크림 | du thé 차(tea) | du sucre 설탕 | du lait 우유

소통하기 : 진짜처럼 연습해 보자!

다음은 나에게 필요한 것이 있는지 물어보는 상황입니다. 🎧 29-3.mp3
질문과 함께 앞에서 배운 표현을 연습해 볼까요?

#1 나 **Bonjour, madame ! Vous avez du wi-fi, s'il vous plaît ?**
안녕하세요, 사장님! 여기 와이파이가 있나요?

점원 **Oui, bien sûr ! C'est le mot de passe.**
네, 그럼요! 이게 비밀번호예요.

#2 나 **Vous avez des serviettes, s'il vous plaît ?**
냅킨 있나요?

점원 **Oui, voilà.**
네, 여기 있습니다.

#3 점원 **Vous désirez un dessert ?**
디저트 드릴까요?

나 **Oui, s'il vous plaît. Vous avez de la glace ?**
네, 부탁합니다. 아이스크림 있나요?

점원 **Non, on a du café et du thé.**
아니요, 커피와 차가 있습니다.

단어
Bien sûr. [비앙 쒸ㅎ] 물론이죠.   C'est ~. [쎄] ~입니다. (C'est + 단수 명사)   le mot de passe [르 모 드 빠쓰] 비밀번호
Voilà. [부(v)알라] 여기 있어요.   Vous désirez ~? [부(v) 데지헤] ~을 원하세요?   un dessert [앙 데쎄ㅎ] 디저트
Non. [농] 아니요.   On a~. [오나] (우리는) ~을 가지고 있습니다.   et [에] 그리고

문제로 확인하기 : 이해도를 점검해 보자!

1. 다음 문장에 관련된 그림을 연결하세요.

Vous avez du wi-fi ?

Vous avez des serviettes ?

Vous avez des boissons sans alcool ?

2. 〈보기〉의 단어를 활용하여 문장을 만드세요.

du sucre	du wi-fi	du thé
du lait	de la glace	des serviettes

❶ 아이스크림 있나요?   ➡ _____ .

❷ 차(tea) 있나요?   ➡ _____ .

❸ 설탕 있나요?   ➡ _____ .

❹ 우유 있나요?   ➡ _____ .

30과

학습일 : 　월　　　일

약국을 찾고 있어요.

쥬　　쉐슈　　　원　　　파(f)ㅎ마씨
Je cherche une pharmacie.

🎧 30-0.mp3　　무방비 상태로 3번씩 들어 보기 👂　　무슨 뜻일까요?

Je cherche une pharmacie.

Je cherche une station de métro.

Je cherche un arrêt de bus.

내가 찾고 있는 것을 표현할 수 있어요.

책을 펼치고
동영상 강의를 보면서
학습을 시작합니다.

 동영상 강의 보기　×　 mp3 파일 듣기　×

직접 말해 보기 입과 표정 준비 완료!

🎧 30-1.mp3

~을 찾고 있어요.

쥬   쉐슈
Je cherche ~.

여행을 하다 보면 찾아가야 하는 장소가 많죠.
그럴 때 이 표현으로 물어보세요!

Je cherche une pharmacie. 약국을 찾고 있어요.
[쥬 쉐슈 윈 파(f)ㅎ마씨]

Je cherche une station de métro. 지하철 역을 찾고 있어요.
[쥬 쉐슈 윈 스따씨옹 드 메트호]

Je cherche un arrêt de bus. 버스 정류장을 찾고 있어요.
[쥬 쉐슈 아나헤 드 뷔스]

단어 ♀ une pharmacie 약국   ♀ une station 역   ♂ le métro 지하철   ♂ un arrêt 정류장
♂ le bus 버스

Tip 지나가는 사람에게 무언가를 물으려고 할 땐, 먼저 "Excusez-moi. [엑스뀌제 무아]"라고 말하세요. "실례합니다."라는 의미랍니다.

문장 파헤치기 : 파헤치면 이해된다!

문법 확인하기

주어　　　　동사　　　　　　목적어

Je + cherche + _____ .

chercher 동사의 변화

chercher 동사는 '~을 찾다'라는 의미예요. chercher 동사는 주어 Je와 만나면 cherche로 변한답니다.

de

de는 '~의'라는 뜻이에요. 뒤에서 앞을 꾸며줘요. 'A de B'는 'B의 A'라는 뜻입니다.

- 예 une station de métro 지하철 역
- 예 un arrêt de bus 버스 정류장

발음 클리닉　강의를 들으면서 따라하면 더 쉬워요!

pharmacie [파(f)ㅎ마씨]	**station** [스따씨옹]
ph는 [f]로 발음하고, cie는 [씨]로 발음합니다.	ta는 [타]가 아닌 [따]로 발음하고, tion은 [씨옹]으로 발음합니다.

패턴 연습 : 단어를 바꿔가며 말해 보자!

🎧 30-2.mp3

▢을 찾고 있어요.

쥬 쉐슈
Je cherche ▢ .

장소 또는 물건이 어디 있는지 물어볼 때 쓸 수 있는 표현입니다.
'Je cherche~' 하나로 원하는 것의 위치를 알아봅시다!

❶ **des vins**
[데 방(v)]

와인을 찾고 있어요.

❷ **des cosmétiques**
[데 꼬스메띠끄]

화장품을 찾고 있어요.

❸ **des vêtements**
[데 베(v)뜨멍]

옷을 찾고 있어요.

❹ **des fruits**
[데 프(f)후이]

과일을 찾고 있어요.

단어   ⬆ le vin 와인   ⬆ le cosmétique 화장품   ⬆ le vêtement 옷   ⬆ le fruit 과일

Tip   포괄적인 의미로 상품들이 어디에 있는지 묻는 것이기 때문에 부정관사 복수형을 사용했습니다.

소통하기 : 진짜처럼 연습해 보자!

다음은 찾고 있는 장소를 물어보는 상황입니다.
질문과 함께 앞에서 배운 표현을 연습해 볼까요?

🎧 30-3.mp3

#1 나 **Excusez-moi, monsieur. Je cherche une pharmacie.**
실례합니다. 제가 약국을 찾고 있어요.

행인 **Oh, il y a une pharmacie là-bas.**
오, 저기에 약국이 하나 있어요.

#2 나 **Excusez-moi, je cherche une station de métro.**
실례합니다, 지하철 역을 찾고 있어요.

행인 **Allez tout droit. Il y a la station Châtelet.**
곧장 가세요. 샤틀레 역이 있습니다.

#3 나 **Je cherche des cosmétiques.**
화장품을 찾고 있어요.

점원 **Il y a le rayon des cosmétiques à l'arrière.**
화장품 코너는 뒤에 있어요.

단어 Excusez-moi. [엑스뀌제 무아] 실례합니다. | monsieur [므씨유] 남성에 대한 존칭 | Il y a ~. [일리야] ~가 있다. | là-bas [라바] 저기에 | Allez. [알레] 가세요. | tout droit [뚜 드후아] 곧장 | la station Châtelet [라 스따씨옹 샤뜰레] 샤틀레 역 | le rayon [르 헤이옹] 코너 | à l'arrière [아 라히에흐] 뒤에

201

문제로 확인하기 : 이해도를 점검해 보자!

1. 다음 문장에 관련된 그림을 연결하세요.

Je cherche une pharmacie.   •   •

Je cherche une station de métro. •   •

Je cherche un arrêt de bus.   •   •

2. 〈보기〉의 단어를 활용하여 문장을 만드세요.

un arrêt de bus	des vins	des vêtements
des fruits	une pharmacie	des cosmétiques

❶ 와인을 찾고 있어요.   ➡ _____.

❷ 화장품을 찾고 있어요.   ➡ _____.

❸ 옷을 찾고 있어요.   ➡ _____.

❹ 과일을 찾고 있어요.   ➡ _____.

31과

학습일 :   월   일

출구는 어디에 있나요?

우 에 라 쏙띠

Où est la sortie ?

🎧 31-0.mp3 　무방비 상태로 3번씩 들어 보기 👂　무슨 뜻일까요?

Où est la sortie ?

Où est l'entrée ?

Où sont les toilettes ?

가야 하는 곳의 위치를 물어볼 수 있어요.

동영상 강의 보기 　mp3 파일 듣기

책을 펼치고
동영상 강의를 보면서
학습을 시작합니다.

직접 말해 보기 : 입과 표정 준비 완료!

🎧 31-1.mp3

~는 어디에 있나요?

Où est ~ ?
우 에

앞에서 배운 'Je cherche~'와 비슷한 뜻으로 사용되는 표현입니다.
여행중에는 꼭 가야하는 곳이 있는데 헤매는 경우가 많죠.
이 표현만 알고 있으면 어디든지 위치를 물어볼 수 있어요!

Où est la sortie ?   출구는 어디에 있나요?
[우에 라 쏙띠]

Où est l'entrée ?   입구는 어디에 있나요?
[우에 렁트헤]

Où sont les toilettes ?   화장실은 어디에 있나요?
[우쏭 레 뚜왈렛뜨]

단어 Où 어디에 ⚜ la sortie 출구 ⚜ l'entrée 입구 ⚜ les toilettes 화장실

Tip ⚜ la toilette : '단장, 세수'를 뜻하는 단어인데, 이 단어가 복수형(les toilettes)으로 사용되면, '화장실'로 의미가 바뀝니다.

문장 파헤치기 : 파헤치면 이해된다!

문법 확인하기

의문 부사   동사   주어

Où + est / sont + _____ ?

Où est/sont ~ ?

이 표현은 영어의 'Where is ~?'와 같아요. Où는 '어디에'를 뜻하는 의문 부사이고, est는 être 동사가 3인칭 단수 주어와 만났을 때의 변화 형태입니다. sont는 être동사가 3인칭 복수 주어와 만났을 때의 변화 형태입니다. Où est/sont 뒤에 원하는 명사를 넣으면 문장이 완성됩니다. 주어 + 동사 + 부사에서 주어와 부사의 위치가 서로 바뀌었다고 생각하면 쉬워요.

Où est A ? / Où sont A ?

① A가 단수 명사일 때 est를 사용합니다. 예) Où est l'entrée ?
② A가 복수 명사일 때 sont을 사용합니다. 예) Où sont les toilettes ?

발음 클리닉 강의 또는 음성을 들으면서 따라하면 더 쉬워요!

sortie [쏙띠]	**toilettes** [뚜왈렛뜨]
sor는 [쏘ㅎ]가 아닌 [쏙]으로 발음하고, tie는 [티]가 아닌 [띠]로 발음합니다.	toi는 [뚜와]라고 발음하며, lettes는 [렛뜨]라고 발음합니다. 그대로 이어서 발음하면 됩니다.

패턴 연습 : 단어를 바꿔가며 말해 보자!

🎧 31-2.mp3

⬜는 어디에 있나요?

우　에
Où est ⬜ ?

장소, 위치, 사람 등...
이 표현으로 어떤 것이든 위치를 물어볼 수 있어요.

❶ **le musée**
[르 뮤제]

박물관은 어디에 있나요? 🔊

❷ **ma place**
[마 쁠라쓰]

제 자리는 어디인가요? 🔊

❸ **le guichet**
[르 기쉐]

매표소는 어디에 있나요? 🔊

❹ **Charlie**
[샤흘리]

샤흘리는 어디 있어? 🔊

단어 🔊 le musée 박물관 ｜ ma place 나의 자리 (PART 1 쉬어가기 참고 – p.42) ｜ 🔊 le guichet 매표소 ｜ Charlie 샤흘리(사람 이름)

Tip Où est 뒤에는 사람 이름도 넣을 수 있어요.

소통하기 : 진짜처럼 연습해 보자!

다음은 어떤 장소의 위치를 물어보는 상황입니다.
질문과 함께 앞에서 배운 표현을 연습해 볼까요?

🎧 31-3.mp3

#1 나   **Excusez-moi, où est la sortie, s'il vous plaît ?**
실례합니다, 출구가 어디에 있나요?

점원   **La sortie est à gauche.**
출구는 왼쪽에 있습니다.

#2 나   **Madame, où sont les toilettes ?**
(여성을 부르며) 화장실이 어디에 있나요?

점원   **Les toilettes sont à droite.**
화장실은 오른쪽에 있습니다.

#3 나   **Où est le musée ? Et où est le guichet ?**
박물관이 어디에 있나요? 그리고 매표소는 어디에 있죠?

점원   **Le musée est là-bas. Et il y a le guichet à l'entrée.**
박물관은 저기에 있습니다. 그리고 입구에 매표소가 있습니다.

단어   à [아] ~에   gauche [고슈] 왼쪽   droite [드후와뜨] 오른쪽   et [에] 그리고   là-bas [라바] 저기에
à l'entrée [아 렁트헤] 입구에

207

문제로 확인하기 : 이해도를 점검해 보자!

1. 다음 문장에 관련된 그림을 연결하세요.

Où est la sortie ?   •   •

Où est l'entrée ?   •   •

Où sont les toilettes ?   •   •

2. 〈보기〉의 단어를 활용하여 문장을 만드세요.

Charlie	le musée	ma place
le guichet	les toilettes	l'entrée

❶ 박물관은 어디에 있나요?   ➡ _____.

❷ 제 자리는 어디인가요?   ➡ _____.

❸ 매표소는 어디에 있나요?   ➡ _____.

❹ 샤흘리는 어디 있어?   ➡ _____.

32과

학습일 :   월   일

이 목걸이 얼마예요?

꽁비앙 　　　꾸뜨　　　쓰　　　꼴리에
Combien coûte ce collier ?

🎧 32-0.mp3　　　무방비 상태로 3번씩 들어 보기 👂　　　무슨 뜻일까요?

Combien coûte ce collier ?

Combien coûte cette jupe ?

Combien coûte ce livre ?

물건의 가격을 물어볼 수 있어요.

책을 펼치고
동영상 강의를 보면서
학습을 시작합니다.

 × × 　　

동영상 강의 보기　　mp3 파일 듣기

직접 말해 보기 : 입과 표정 준비 완료!

🎧 32-1.mp3

~는 얼마예요?

꽁비앙   꾸뜨
Combien coûte ~ ?

여행의 재미 중 하나는 기념품이나 물건을 사는 것이죠.
가격이 적혀 있지 않더라도, 이 표현만 알고 있으면 가격을 물어볼 수 있어요.

Combien coûte ce collier ?
[꽁비앙 꾸뜨 쓰 꼴리에]
이 목걸이 얼마예요?

Combien coûte cette jupe ?
[꽁비앙 꾸뜨 쎗 쥡쁘]
이 치마 얼마예요?

Combien coûte ce livre ?
[꽁비앙 꾸뜨 쓰 리브(v)ㅎ]
이 책 얼마예요?

단어 combien 얼마나 | coûte 값이 ~다 (coûter의 3인칭 단수 주어 변화 형태) | ce 이, 그, 저 (남성 명사 앞) |
⬆ le collier 목걸이 | cette 이, 그, 저 (여성 명사 앞) | ⚥ la jupe 치마 | ⬆ le livre 책

Tip 물건의 이름을 모를 땐, "Combien ça coûte ? [꽁비앙 싸 꾸뜨] 이거 얼마예요?"라고 하면 됩니다.

문장 파헤치기 : 파헤치면 이해된다!

문법 확인하기

의문 부사   동사   주어

Combien + coûte + _____ ?

Combien coûte ~ ?

Combien는 '얼마나'라는 의문 부사이고, coûte는 '값이 ~이다'라는 뜻인 coûter 동사가 3인칭 단수 주어와 만났을 때의 변화 형태입니다. Combien coûte 뒤에 원하는 명사를 넣으면 문장이 완성됩니다. 이 문장도 31과처럼 주어와 부사의 위치가 서로 바뀌었다고 생각하면 쉬워요.

ce (cet) / cette / ces : 이, 그, 저 (지시 형용사)

남성 단수명사 앞	여성 단수명사 앞	(남성, 여성) 복수명사 앞
ce (cet)	cette	ces

* 모음이나 묵음 h로 시작하는 남성 명사 앞에는 발음의 편의를 위해 cet을 씁니다. 예 cet homme [쎄똠므] 이 남자

발음 클리닉 강의 또는 음성을 들으면서 따라하면 더 쉬워요!

Combien [꽁비앙]

on과 om는 언제나 [옹]으로 발음하고, en는 단어의 맨 끝에 있을 때 [앙]으로 발음합니다.

livre [리브(v)흐]

맨 뒤의 re는 아주 약하게 발음합니다.

패턴 연습 : 단어를 바꿔가며 말해 보자!

🎧 32-2.mp3

☐ 는 얼마예요?

꽁비앙   꾸뜨
Combien coûte ☐ **?**

가격이 궁금하다면 망설이지 말고 물어보세요!

❶ **un billet**
[앙 비예]

표 한 장에 얼마예요?

❷ **une baguette**
[윈 바게뜨]

바게트 하나에 얼마예요?

❸ **un café noir**
[앙 꺄페(f) 누와ㅎ]

블랙커피 한 잔에 얼마죠?

❹ **la pomme**
[라 뽐므]

사과 얼마죠?

단어 ♂ un billet 표   ♀ une baguette 바게트   ♂ un café noir 블랙커피   ♀ la pomme 사과

Tip 물건을 계산하고 총액을 물어볼 땐, "Ça fait combien ? [싸 페(f) 꽁비앙] 다 합해서 얼마예요?"라고 할 수도 있습니다.

소통하기: 진짜처럼 연습해 보자!

다음은 상점이나 관광지에서 가격을 물어보는 상황입니다.
질문과 함께 앞에서 배운 표현을 연습해 볼까요?

🎧 32-3.mp3

#1 나 **Combien coûte ce collier ?**
이 목걸이 얼마예요?

점원 **C'est 30 euros.**
30유로입니다.

#2 나 **Combien coûte un billet de musée ?**
박물관 표 한 장 얼마죠?

점원 **10 euros, monsieur.**
10유로입니다.

#3 나 **Combien coûte un café noir ?**
블랙커피 한 잔에 얼마예요?

점원 **Un café noir ? 3 euros.**
블랙 커피요? 3유로예요.

단어 C'est~. [쎄] ~입니다. | de [드] ~의 | musée [뮈제] 박물관 | 30 euros [트헝 뚜호] 30유로 | 10 euros [디쥬호] 10유로 | 3 euros [트후와 쥬호] 3유로(부록 숫자 참고 – p.230)

문제로 확인하기 : 이해도를 점검해 보자!

1. 다음 문장에 관련된 그림을 연결하세요.

Combien coûte ce collier ?   ·   ·

Combien coûte cette jupe ?   ·   ·

Combien coûte ce livre ?   ·   ·

2. 〈보기〉의 단어를 활용하여 문장을 만드세요.

le livre	un billet	un café noir
une baguette	la pomme	la jupe

① 표 한 장에 얼마예요? ➡ _____.

② 바게트 하나에 얼마예요? ➡ _____.

③ 블랙커피 한 잔에 얼마죠? ➡ _____.

④ 사과 얼마죠? ➡ _____.

33과

학습일 : 　월　　일

머리가 아파요.

쉐　　말　　알라　　떼뜨
J'ai mal à la tête.

🎧 33-0.mp3　　　무방비 상태로 3번씩 들어 보기 👂　　　무슨 뜻일까요?

J'ai mal à la tête.

J'ai mal au ventre.

J'ai mal aux yeux.

아픈 곳을 말할 수 있어요.

책을 펼치고
동영상 강의를 보면서
학습을 시작합니다.

동영상 강의 보기　　mp3 파일 듣기

직접 말해 보기 : 입과 표정 준비 완료!

🎧 33-1.mp3

~가 아파요.

쥐 말 아
J'ai mal à ~.

여행에서 아플 때만큼 힘들 때가 없죠.
이 표현을 사용해 아픈 곳을 말할 수 있어요.

J'ai mal à la tête.　　　　　　　　　머리가 아파요.
[쥐 말 알라 떼뜨]

J'ai mal au ventre.　　　　　　　　　배가 아파요.
[쥐 말 오 벙(v)트ㅎ]

J'ai mal aux yeux.　　　　　　　　　눈이 아파요.
[쥐 말 오 지유]

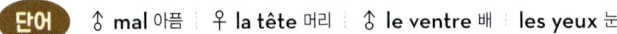

단어　⬆ mal 아픔　♀ la tête 머리　⬆ le ventre 배　les yeux 눈

Tip　영어에도 shoes(신발)와 같이 복수형태로 사용되는 단어들이 있죠? 프랑스어에서 눈은 일반적으로 복수형으로 사용됩니다. 만약 한쪽 눈만 아픈 경우에는 "J'ai mal à l'oeil.[쥐 말 아 러이]" 라고 하면 된답니다.

문장 파헤치기 : 파헤치면 이해된다!

문법 확인하기

J' + **ai** + **mal** + à + _____ .

① **avoir**

PART 2의 7과에서 배운 내용이죠?
avoir 동사가 Je 주어와 만나면 ai로 변하고, Je + ai 에서 e가 축약되어 J'ai로 씁니다.

② **à + 정관사** (le, la, les)

① à + le ➨ au
② à + la ➨ à la
③ à + les ➨ aux

* à + 모음이나 묵음 h로 시작하는 단어가 오는 경우 ➨ à l'
  예) à 뒤에 'épaule[에뽈] 어깨'가 올 경우 ➨ à l'épaule

PART 2의 13과에서 배웠던 문법이죠. à는 장소 앞에 쓰이기도 하지만, 더 폭넓게 사용되기도 해요. 'J'ai mal à ~'를 직역하면, '~에 아픔을 가지고 있다'라는 뜻이에요. 그래서 à가 사용되었고 어떤 뜻으로 사용되더라도 à 뒤에 정관사가 올 경우에는 위의 규칙을 따르면 됩니다.

발음 클리닉 강의를 들으면서 따라하면 더 쉬워요!

tête [떼뜨]	**aux yeux** [오지유]
tête에서 ê는 [에]로 발음하고, e는 가벼운 [으]로 발음합니다.	aux는 원래 [오]로 발음합니다. 그런데 뒤에 yeux가 오면서 연음이 되어 [오이유]가 아닌 [오지유]로 발음합니다.

패턴 연습 : 단어를 바꿔가며 말해 보자!

🎧 33-2.mp3

☐가 아파요.

쉐 말
J'ai mal ☐.

어디가 아픈지 콕 집어 말할 수 있어요!

① **à l'oreille**
[아 로헤이]

귀가 아파요.

② **au dos**
[오 도]

허리가 아파요.

③ **à la gorge**
[알라 고흐쥬]

목(구멍)이 아파요.

④ **aux jambes**
[오 졍브]

다리가 아파요.

단어 ♀ l'oreille 귀 | ♂ le dos 허리, 등 | ♀ la gorge 목(구멍) | les jambes 다리 (복수형)

Tip 30과에서 배운 "Je cherche une pharmacie. 약국을 찾고 있어요." 표현과 함께 익혀두면 좋습니다.

소통하기 : 진짜처럼 연습해 보자!

다음은 약국에서 아픈 곳을 이야기하는 상황입니다.
질문과 함께 앞에서 배운 표현을 연습해 볼까요?

🎧 33-3.mp3

#1 나   **Bonjour, monsieur, j'ai mal à la tête.**
        안녕하세요, 제가 머리가 아파서요.

   약사 **Ah, d'accord. Voilà.**
        아, 네. 여기 있습니다.

#2 나   **Excusez-moi, j'ai mal au dos.**
        실례합니다, 제가 허리가 아파서요.

   약사 **Vous avez besoin de l'aspirine ?**
        아스피린 필요하세요?

   나   **Oui, s'il vous plaît.**
        네, 부탁합니다.

#3 나   **Madame, j'ai mal à la gorge.**
        제가 목이 아픕니다.

   약사 **Vous avez un rhume ?**
        감기 있으세요?

   나   **Oui, un peu.**
        네, 약간요.

단어
D'accord [다꼬ㅎ] 네 / 알겠습니다 (편한 사이에서도 사용 가능)   Voilà. [부(v)알라] 여기 있어요.
Vous avez besoin de ~? [부(v) 쟈베(v) 브쥬앙 드] ~가 필요하세요?   l'aspirine [라스삐힌] 아스피린
un rhume [앙 휨] 감기   un peu [앙 쁘] 약간, 조금

219

문제로 확인하기 : 이해도를 점검해 보자!

1. 다음 문장에 관련된 그림을 연결하세요.

J'ai mal à la tête.   ·   ·

J'ai mal au ventre.   ·   ·

J'ai mal aux yeux.   ·   ·

2. 〈보기〉의 단어를 활용하여 문장을 만드세요.

les jambes	la gorge	l'oreille
le ventre	le dos	les yeux

❶ 귀가 아파요.   ➡ _____ .

❷ 허리가 아파요. ➡ _____ .

❸ 목(구멍)이 아파요. ➡ _____ .

❹ 다리가 아파요. ➡ _____ .

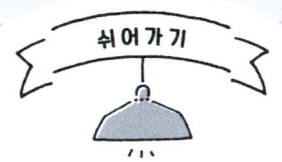

프랑스어 학습 팁

앞으로도 프랑스어를 잊지 않고 싶으신가요?
혹은 더 심화된 프랑스어를 배우고 싶으신가요?
앞으로 어떤 방법으로 공부해야 하는지 궁금하실 것 같아요.
프랑스어 시험을 볼 때, 한국인들은 읽기나 쓰기 파트에서는 강하지만
듣기나 말하기 파트에서는 많이 약하다는 것을 알 수 있어요.
실제로 외국어를 배우는 이유는 '소통'인데 말이죠.
가장 중요한 듣기와 말하기를 잘하려면 어떻게 해야 하는지 알아볼까요?

1 도서 복습하기

우리는 이 책에서 정말 많은 단어와 패턴을 배웠습니다. 그러니 너무 당연한 말처럼 들리시겠지만, 꼭 복습을 하셔야 합니다. 책을 끝냈다고 해서 이 책에서 배운 방대한 단어와 표현을 다 흡수한 것은 아니기 때문이죠.
또한 프랑스어를 전혀 몰랐을 때의 습득력과, 약간의 공부를 하고 난 후의 습득력은 확연한 차이가 납니다. 복습을 하면 여러분이 처음에 배웠을 때보다 훨씬 더 빠르고 쉽게 이해할 수 있습니다. 이 책에 있는 표현들만 완벽히 이해한다면, 기본적인 회화는 문제 없어요!

2 프랑스어로 표현하기

만들어진 문장을 해석하고 읽는 것은 상대적으로 쉽지만, 스스로 모든 문장의 요소들을 만들어 내는 것은 생각보다 매우 어렵습니다. 익숙하지 않기 때문이죠. 하지만 **외국어를 배우는 목적은 '소통'이기 때문에 '표현'을 하는 것에 익숙해질 필요가 있습니다.**

하루 3문장 정도 간단하게 일기를 써보는 것도 좋은 방법입니다. 간단한 문장부터 시작해 차츰 익숙해지는 것이 좋습니다.

3 프랑스어를 프랑스어로 배우기

외국어는 한국어로 완벽하게 '치환'되는 것이 불가능하므로 외국어 자체의 감을 익히는 것이 정말 중요합니다. 계속해서 한국어 교재로만 프랑스어를 배우면 외국어를 그 자체로 받아들이지 않고, 한국어의 '해석'으로만 받아들이게 됩니다.

유튜브에 프랑스어를 쉽게 알려주는 <Français avec Pierre>라는 채널이 있습니다. 이 영상들을 보며 처음부터 100퍼센트 이해하는 것은 불가능하지만, 프랑스어라는 언어 자체에 천천히 익숙해질 수 있습니다.

4 넷플릭스로 프랑스어 배우기

넷플릭스를 많이 보시나요? 넷플릭스는 다양한 언어를 제공하기 때문에 외국어를 공부하기에 아주 좋은 수단입니다. 넷플릭스의 콘텐츠는 외국어 더빙을 제공하기 때문에 외국어를 들으면서 공부할 수도 있습니다.

교과서적 표현이 아닌 실제로 프랑스인들이 사용하는 표현을 공부할 수 있고, 프랑스어의 억양에 익숙해질 수 있습니다.

5 유튜브로 프랑스어 배우기

프랑스어를 조금 알아들을 수 있는 상태에서 추천하는 방법입니다. 내가 좋아하는 분야로 외국어를 공부한다는 것은 큰 즐거움입니다. 여러분이 좋아하는 분야나 주제가 있나요? **나와 관련된 주제, 내가 좋아하는 주제의 단어들과 표현부터 배우면 그 언어가 더 가깝게 느껴집니다.**

그 분야에 대한 프랑스 유튜브 채널을 찾아보세요. 자막을 제공하는 채널이라면 더 좋습니다. 그리고 영상 속도를 0.75배속으로 느리게 하고, 자동 자막 또는 제공되는 자막과 함께 듣습니다. 완벽하게 이해하는 것을 목표로 두지 않고, 60~70퍼센트 이해하는 것을 목표로 합니다. **꾸준하게 재미를 느끼고 오랫동안 할 수 있다면 프랑스어 실력 향상에 큰 도움이 될 것입니다.**

알찬부록

부록 전체 듣기

❶ 알파벳
❷ 숫자
❸ 책에 나오지 않은 주어 맛보기
❹ 추가 단어/표현집
❺ 문제로 확인하기 정답

1
알파벳

알파벳 이름을 외워야 한다는 생각은 하지 않아도 됩니다.
그 알파벳에 해당하는 단어들에 익숙해지는 것이 훨씬 더 도움이 된답니다!

🎧 plus1-0.mp3

A a	B b	C c	D d	E e	F f	G g
[a] 아	[be] 베	[se] 쎄	[de] 데	[ə] 으	[ɛf] 에f	[ʒe] 줴
Ami [아미] 친구	Bébé [베베] 아기	Cochon [꼬숑] 돼지	Dent [덩] 치아	Elle [엘ㄹ] 그녀	Fromage [프(f)호마쥬] 치즈	Garçon [갹쏭] 소년

H h	I i	J j	K k	L l	M m	N n
[aʃ] 아슈	[i] 이	[ʒi] 지	[ka] 꺄	[ɛl] 엘	[ɛm] 엠	[ɛn] 엔
Hôpital [오삐딸] 병원	Insecte [앙쎅뜨] 곤충, 벌레	Jambon [졍봉] 햄	Kilo [낄로] 킬로그램	Livre [리브ㅎ] 책	Mari [마히] 남편	Nuit [뉴이] 밤

O o	P p	Q q	R r	S s	T t	U u
[o] 오	[pe] 뻬	[ky] 뀌	[ɛːR] 에ㅎ	[ɛs] 에스	[te] 떼	[y] 위
Ongle [옹글ㄹ] 손톱, 발톱	Pomme [뽐ㅁ] 사과	Quoi [꾸아] 무엇을	Rose [호즈] 장미	Soleil [쏠레이] 태양	Terre [떼ㅎ] 땅	Union [위니옹] 융합, 통합

V v	W w	X x	Y y	Z z
[ve] 베(v)	[dublǝve] 두블르베(v)	[ikx] 익스	[igrɛk] 이그헥	[zɛd] 제드
Voisin [부(v)아쟝] 이웃	Week-end [위껜드] 주말	Xylophone [질로폰(f) ㄴ] 실로폰	Voyage [봐(v)이야쥬] 여행	Zéro [제호] 0

프랑스어 철자 부호

Accent 부호	´	`	^	¨	｡
읽는 법	Accent aigu [악썽 떼귀]	Accent grave [악썽 그하브(v)]	Accent circonflexe [익썽 씨흐 꽁플(f)렉스]	tréma [트헤마]	cédille [쎄디유]
해당알파벳	é	à, è, ù	ê, î, û, ô	ë, ï, ü	ç
역할	é, è, ê [에]를 제외하고는 악썽 부호를 붙이나 안 붙이나 큰 발음차이가 없습니다. (그렇지만 뜻이 달라지니 단어를 외울 때 악썽 부호까지 꼭 외워주세요!)			모음이 연이어 나올 때, 각각 발음하게 합니다.	철자 c아래 붙어, c를 [s]로 발음하게 합니다.

알파벳 발음법

프랑스어를 공부하다가 발음에 대해 궁금한 것이 생길 때, 여기를 펼쳐보세요! 처음에는 어려워 보이지만 여러 단어들을 접하다 보면 어느 순간 고민하지 않고 읽을 수 있게 됩니다.

case1 소리가 여러 개라 헷갈리는 경우! 🎧 plus1-1.mp3

자음

P	기본은 [ㅃ]	Paris [빠히] 파리
	뒤에 r가 오면 [ㅍ]	prendre [프헝드흐] 타다, 취하다
T	기본은 [ㄸ]	table [따블ㄹ] 테이블
	뒤에 r가 오면 [ㅌ]	travail [트하바(v)이] 일
C	뒤에 a, o, u가 오면 [ㄲ]	coca [꼬꺄] 콜라 culture [뀔뛰흐] 문화
	뒤에 e, i, y가 오면 [ㅆ]	cela [쓸라] 이것, 저것 ciel [씨엘] 하늘 cycle [씨끌ㄹ] 순환
	뒤에 r가 오면 [ㅋ]	croire [크후와흐] 믿다
	ç는 언제나 [ㅆ]	leçon [르쏭] 수업

226

G	뒤에 **a, o, u**나 자음이 오면 [ㄱ]	garçon [갸쏭] 소년
		gorge [고흐쥬] 목(구멍)
		guichet [기쉐] 매표소
		grand [그헝] 큰
	뒤에 **e, i, y**가 오면 [ㅈ]	gentil [졍띠] 친절한
		gilet [질레] 가디건
		gym [짐] 헬스
S	기본은 [ㅆ]	santé [썽떼] 건강
		poisson [뿌아쏭] 물고기
	모음과 모음사이에 있을 땐 [z]	poison [뿌아죵] 독
		rose [호즈] 장미

모음

E	기본은 [으]	petit [쁘띠] 작은
		place [쁠라쓰] 장소
	e에 **accent** 부호가 붙는 경우 (é, è, ê 등) [에]	élève [엘레브(v)] 학생
		être [에트흐] ~가 있다
	뒤에 자음이 2개 연달아 올 경우 [에]	lettre [레트흐] 편지
		vert [베(v)흐] 녹색의

case2 소리는 하나인데 그냥 발음이 어려운 경우!  plus1-2.mp3

자음

H	소리가 안 남	hôpital [오삐딸] 병원 homme [옴ㅁ] 남자
R	가글을 할 때 나는 소리, 목을 살짝 긁는 소리 (*이 발음을 너무 의식하기보다, 부드러운 [ㅎ] 소리로 편하게 발음해도 됩니다.)	faire [페(f)흐] 하다 bière [비에흐] 맥주

모음

U	[우]와 [이]를 빠르게 발음	cuisine [뀌진ㄴ] 요리
Y	단어 중간에 Y가 있는 경우, i가 2개 있는 것처럼, [ii] 소리로 발음	voyage는 /voiiage/ 가 되므로, voi [부(v)와] + iage [이야쥬] ➡ [봐(v)이야쥬]로 발음

228

복합모음 : 두 가지 이상의 모음이 붙어있는 것을 복합모음이라고 합니다.

복합모음	발음	예시
ai, ei	[에]	aimer [에메] 사랑하다, neige [네쥬] 눈
au, eau	[오]	restaurant [헤스또헝] 식당, eau [오] 물
ou, où	[우]	ouvrir [우브(v)히] 열다, où [우] 어디에
eu, œu	[우~으/어]	jeudi [쥬디] 목요일, feu [프(f)] 불, œuf [어f] 계란
oi	[우와]	toi [뚜와] 너, oiseau [우와조] 새

비모음 : 모음들이 m 또는 n을 만나 콧소리가 나는 모음을 비모음이라고 합니다.

비모음	발음	예시
am, an, em, en	[엉/앙]	employé [엉쁠루와이예] 직원, enfant [엉펑f] 어린이, Français [프(f)헝쎄] 프랑스인(남자), Coréen [꼬헤앙] 한국인(남자)
im, in, ym, yn	[앙]	important [앙뽀떵] 중요한, pain [빵] 빵
om, on	[옹]	nom [농] 이름, ongle [옹글르] 손톱
um, un	[앙]	parfum [빠팡(f)] 향수, chacun [샤깡] 각각의

2 숫자

우리 일상에서 숫자를 빼놓으면 대화를 하기가 어렵다 보니, 숫자는 어쩔 수 없이 암기가 필요한 부분이에요. 프랑스어 숫자는 조금 특이한 것으로 유명한데요. 처음엔 생소하지만 익히고 나면 다른 사람들에게 설명해주는 것이 즐거울 만큼 재밌어진답니다!

1 0~29

🎧 plus2-1.mp3

0	zéro [제호]	10	dix [디스]	20	vingt [방(v)]
1	un [앙]	11	onze [옹즈]	21	vingt et un [방(v)떼앙]
2	deux [드]	12	douze [두즈]	22	vingt-deux [방(v)드]
3	trois [트후와]	13	treize [트헤즈]	23	vingt-trois [방(v)트후아]
4	quatre [꺄트흐]	14	quatorze [꺄또흐즈]	24	vingt-quatre [방(v)꺄트흐]
5	cinq [쌍끄]	15	quinze [꺙즈]	25	vingt-cinq [방(v)쌍끄]
6	six [씨스]	16	seize [쎄즈]	26	vingt-six [방(v)씨스]
7	sept [쎗뜨]	17	dix-sept [디쎗뜨]	27	vingt-sept [방(v)쎗뜨]
8	huit [위뜨]	18	dix-huit [디쥐뜨]	28	vingt-huit [방(v)뛰뜨]
9	neuf [너f]	19	dix-neuf [디즈너f]	29	vingt-neuf [방(v)너f]

규칙 설명

- 1~16까지의 숫자를 잘 알고 있으면, 다른 숫자를 말할 때도 쉬워요.
  17부터는 규칙이 있어서 숫자를 세기 쉬워집니다!

- 17~19는 10 뒤에 1의 자리 숫자를 함께 쓰면 됩니다.

    17 : 10 + 7 → **dix-sept**
    18 : 10 + 8 → **dix-huit**
    19 : 10 + 9 → **dix-neuf**

- 21~29도 20 뒤에 1의 자리 숫자를 함께 쓰면 됩니다.

    21 : 20 + 1 → **vingt et un** (＊이것만 et을 이용하는 것에 주의하세요!)
    22 : 20 + 2 → **vingt-deux**
    23 : 20 + 3 → **vingt-trois**

문제로 확인하기
다음은 어떤 숫자일까요? 네모 안에 써 보세요!

1. vingt-deux →
2. cinq →
3. seize →
4. neuf →
5. quatorze →

6. quinze →
7. trois →
8. treize →
9. dix-sept →
10. vingt-trois →

＊ 정답은 p.252에 있습니다.

2 30~69

🎧 plus2-2.mp3

30~69는 21~29와 같은 규칙을 가지고 있어요.

30	trente [트헝뜨]	40	quarante [꺄헝뜨]	50	cinquante [쌍껑뜨]	60	soixante [수와썽뜨]
31	trente et un [트헝떼앙]	41	quarante et un [꺄헝떼앙]	51	cinquante et un [쌍껑떼앙]	61	soixante et un [수와썽떼앙]
32	trente-deux [트헝드]	42	quarante-deux [꺄헝드]	52	cinquante-deux [쌍껑드]	62	soixante-deux [수와썽드]
	...		...		...		...

3 70~99

🎧 plus2-3.mp3

70~99는 특별한 규칙을 가지고 있어요.

70	soixante-dix [수와썽디스]	80	quatre-vingts [꺄트흐방(v)]	90	quatre-vingt-dix [꺄트흐방(v)디스]
71	soixante et onze [수와썽떼옹즈]	81	quatre-vingt-un [꺄트흐방(v)앙]	91	quatre-vingt-onze [꺄트흐방(v)옹즈]
72	soixante-douze [수와썽두즈]	82	quatre-vingt-deux [꺄트흐방(v)드]	92	quatre-vingt-douze [꺄트흐방(v)두즈]
	...		...		...

규칙 설명

프랑스어의 70, 80, 90대 숫자들은 곱셈과 더하기의 조합으로 만들어져요.

- 70~79는 <mark>60 + (십의 자리 숫자)</mark>로 만들어 집니다.

    70 : 60 + 10 ➡ **soixante-dix**
    71 : 60 + 11 ➡ **soixante et onze** (＊이것만 et을 이용하는 것에 주의하세요!)
    72 : 60 + 12 ➡ **soixante-douze**

- 80~89는 <mark>4 x 20 + (일의 자리 숫자)</mark>로 만들어 집니다.

    80 : 4 x 20 ➡ **quatre-vingts**
    81 : 4 x 20 + 1 ➡ **quatre-vingt-un**
    82 : 4 x 20 + 2 ➡ **quatre-vingt-deux**

- 90~99는 <mark>4 x 20 + (십의 자리 숫자)</mark>로 만들어 집니다.

    90 : 4 x 20 + 10 ➡ **quatre-vingt-dix**
    91 : 4 x 20 + 11 ➡ **quatre-vingt-onze**
    92 : 4 x 20 + 12 ➡ **quatre-vingt-douze**

문제로 확인하기
다음은 어떤 숫자일까요? 네모 안에 써 보세요!

1. 73 ➡
2. 77 ➡
3. 81 ➡
4. 85 ➡
5. 96 ➡
6. 99 ➡

＊ 정답은 p.252에 있습니다.

4 100 이상

🎧 plus2-4.mp3

100은 cent이고, 101, 102…은 cent 뒤에 un, deux… 를 붙이면 됩니다. 200, 300… 은 cent에 s를 붙여 쓰지만, cent 뒤에 바로 다른 숫자 단어가 올 경우에는 s를 붙이지 않습니다.

100	cent [썽]	200	deux cents [드썽]	300	trois cents [트후와 썽]
101	cent un [썽 앙]	201	deux cent un [드썽 앙]	301	trois cent un [트후와 썽 앙]
102	cent deux [썽 드]	202	deux cent deux [드썽 드]	302	trois cent deux [트후와 썽 드]
	…		…		…

5 1000 이상

🎧 plus2-5.mp3

1000은 mille이고, 1001, 1002…은 mille 뒤에 un, deux…를 붙이면 됩니다. mille은 복수형으로 사용하지 않습니다.

1000	mille [밀]	2000	deux mille [드밀]	3000	trois mille [트후와 밀]
1001	mille un [밀 앙]	2001	deux mille un [드밀 앙]	3001	trois mille un [트후와밀 앙]
1002	mille deux [밀 드]	2002	deux mille deux [드밀 드]	3002	trois mille deux [트후와 밀 드]
	…		…		…

6 숫자 관련 중요 표현

유로

1유로는 'un euro' 라고 말하며, 2유로 이상부터는 euro 뒤에 s를 붙여 복수형 euros로 씁니다. 모든 숫자 뒤에 euro(s)를 붙이면 몇 유로라고 말할 수 있습니다. 끝의 s를 발음하지 않기 때문에 euro와 euros의 발음은 같습니다.

★Point! 숫자의 마지막 알파벳과 euro(s)를 연음해 주는 것이 중요합니다.

- 1 € : un euro [아뉴호]
- 3 € : trois euros [트후와 쥬호]
- 11 € : onze euros [옹쥬호]
- 22 € : vingt-deux euros [방(v) 드쥬호]
- 34 € : trente-quatre euros [트헝 꺄트휘호]
- 89 € : quatre-vingt-neuf euros [꺄트흐 방(v)너브(v)호] (*여기에서 f는 [v]소리로 연음)
- 100 € : cent euros [썽뛰호]
- 1000 € : mille euros [밀뤼호]

연도

프랑스어로 연도를 읽을 땐, 우리말과 똑같은 방법으로 읽습니다.

　　　　천　　구백　　　팔십
1980 [mille-neuf-cent-quatre-vingt]

　　　　천　　구백　　　　구십구
1999 [mille-neuf-cent-quatre-vingt-dix-neuf]

　　　　이천　　일
2001 [deux-mille-un]

　　　　이천　　이십이
2022 [deux-mille-vingt-deux]

 연도 말하는 법 : 전치사 en을 활용하면 연도를 말할 수 있습니다.

나는 1999년에 태어났어.
Je suis né(e) en 1999.
[쥬 쑤이 네 엉 밀넙쎵 꺄트흐방 디즈너프(f)]

전화번호

프랑스의 핸드폰 번호는 주로 10자리입니다.
두 자리씩 끊어서 쓰고, 읽을 때도 두 자리씩 읽습니다.

06-78-12-25-38 : zéro-six / soixante-dix-huit / douze / vingt-cinq / trente-huit
[제호 씨스 / 수와썽 디쥐뜨 / 두즈 / 방(v) 쌍끄 / 트헝뛰뜨]

07-53-31-02-11 : zéro-sept / cinquante-trois / trente et un / zéro-deux / onze
[제호 쎘뜨 / 쌍껑트후와 / 트헝떼엉 / 제호 드 / 옹즈]

 전화번호 관련 회화

당신의 핸드폰 번호는 뭐예요?
Quel est votre numéro de téléphone ?
[껠레 보(v)트흐 뉴메호 드 뗄레폰(f)]

나이

1살(un an)을 제외한 모든 숫자 뒤에 ans을 붙이면 몇 살이라고 말할 수 있습니다.
끝의 s를 발음하지 않기 때문에 an과 ans의 발음은 같습니다.

★**Point!** 숫자의 마지막 알파벳과 an(s)를 연음해 주는 것이 중요합니다.

1 an : un an [아넝]
25 ans : vingt cinq ans [방(v)쌍껑]
31 ans : trente et un ans [트헝떼아넝]

 나이 말하는 법 : avoir동사를 활용하면 나이를 말할 수 있습니다.

나는 29살이에요.
J'ai 29 ans.
[줴 방(v) 너벙(v)]

3 책에 나오지 않은 주어 맛보기

본책에서는 일상에서 활용도가 높은 주어 Je(나), Tu(너), Vous(당신)를 위주로 연습했습니다.
부록에서는 그 외의 주어도 살짝 배워볼게요!
본문에서 배운 핵심 동사 3가지로 동사 변화도 연습해 봅시다.

책에 나오지 않은 주어

	남자 주어	여자 주어
1명	Il (그)	Elle (그녀)
2명 이상	Ils (그들)	Elles (그녀들)
	Nous / On (우리)	

＊여자와 남자가 섞인 무리는 Ils(그들)이라고 합니다.

핵심 동사 3가지

être 동사	avoir 동사	faire 동사
~이다	~을 가지고 있다	하다, 만들다

1 Il / Elle(그/그녀)

Il / Elle 은 영어의 He / She에 해당해요.

 plus3-1.mp3

1 être 동사	**2** avoir 동사	**3** faire 동사
일레 **Il est ~.** 엘레 **Elle est ~.**	일라 **Il a ~.** 엘라 **Elle a ~.**	일 페(f) **Il fait ~.** 엘 페(f) **Elle fait ~.**
그는 정입니다. **Il est Jean.** [일레 졍]	그는 약속이 있어요. **Il a un rendez-vous.** [일라 앙 헝데부(v)]	그는 수영을 해요. **Il fait de la natation.** [일 페(f) 들라 나따씨옹]
그녀는 중국인입니다. **Elle est chinoise.** [엘레 쉬누아즈]	그녀는 33살이에요. **Elle a 33 ans.** [엘라 트헝트후와정]	그녀는 과제를 해요. **Elle fait les devoirs.** [엘 페(f) 레 드부(v)아]
그는 키가 큽니다. **Il est grand.** [일레 그헝]	그는 여동생(누나)이 있어요. **Il a une sœur.** [일라 윈 쐬흐]	그는 일해요. **Il fait le boulot.** [일 페(f) 르 불로]
그녀는 의사입니다. **Elle est médecin.** [엘레 메드쌍]	그녀는 차가 있어요. **Elle a une voiture.** [엘라 윈 부(v)아뜌흐]	그녀는 크로와상을 만들어요. **Elle fait des croissants.** [엘 페(f) 데 크후와썽]

단어

chinois(e) 중국인 | **grand** 큰 | **médecin** 의사 | ♂ **rendez-vous** 약속 | ♀ **sœur** 여자 형제 |
♀ **voiture** 자동차 | **faire de la natation** 수영하다 | **faire les devoirs** 숙제를 하다 | ♂ **boulot** 일 (구어)

Tip

1 | grand와 같은 형용사는 être 동사와 함께 쓰일 때, 주어의 성이 남성이면 grand [그헝], 여성이면 뒤에 e를 붙여서 grande [그헝ㄷ]로 쓰입니다.

2 | 프랑스어도 영어처럼, 남자 형제나 여자 형제를 말할 때 나이와 상관없이 같은 단어를 사용합니다.
   - 형, 오빠, 남동생 : frère
   - 언니, 누나, 여동생 : sœur

3 | faire le boulot 대신 같은 의미인 travailler를 사용해서, "Il travaile."라고 말할 수도 있어요. 편한 사람들과 말할 땐 'faire le boulot' 라는 숙어를 자주 사용한답니다.

2 Ils / Elles(그들/그녀들)

🎧 plus3-2.mp3

Ils / Elles은 영어의 They에 해당하는 주어예요.

1 être 동사	2 avoir 동사	3 faire 동사
일쏭 **Ils sont ~.** 엘쏭 **Elles sont ~.**	일종 **Ils ont ~.** 엘종 **Elles ont ~.**	일 퐁(f) **Ils font ~.** 엘 퐁(f) **Elles font ~.**
그들은 똑똑해요. **Ils sont intelligents.** [일쏭 앙뗄리졍]	그들에게 문제가 있어요. **Ils ont des problèmes.** [일종 데 프로블렘]	그들은 요리를 안 해요. **Ils ne font pas la cuisine.** [일 느 퐁(f) 빠 라 뀌진]
그녀들은 친구들이에요. **Elles sont amies.** [엘쏭 따미]	그녀들은 시험이 있어요. **Elles ont un test.** [엘종 앙 떼스뜨]	그녀들은 인턴을 해요. **Elles font un stage.** [엘 퐁(f) 앙 스따쥬]
그들은 가게에 있어요. **Ils sont dans le magasin.** [일쏭 덩 르 마갸쟝]	그들은 갈색머리예요. **Ils ont les cheveux bruns.** [일종 레 슈브(v) 브항]	그들은 청소를 해요. **Ils font le ménage.** [일 퐁(f) 르 메나쥬]
그녀들은 내 방에 있어요. **Elles sont dans ma chambre.** [엘쏭 덩 마 셩브ㅎ]	그녀들은 피부가 좋아요. **Elles ont une belle peau.** [엘종 윈 벨 뽀]	그녀들은 모임을 해요. **Elles font une réunion.** [엘 퐁(f) 윈 헤유니옹]

단어

intelligent 똑똑한 | ami(e) 친구 | ♂ le magasin 가게, 상점 | dans ~ 안에 | ♀ la chambre 방 | ♂ problème 문제 | ♂ un test 시험 | les cheveux (복수형) 머리카락 | brun 갈색의 | bel(le) 예쁜, 좋은 | ♀ peau 피부 | faire la cuisine 요리하다 | ♂ un stage 인턴, 연수 | ♂ le ménage 청소 | faire une réunion 모임을 하다

Tip

Ils / Elles 은 복수 주어이기 때문에 être 동사 뒤에 명사나 형용사가 올 경우, s를 붙여줍니다.

- 주어가 남성 복수일 때 : intelligent ➡ intelligents
- 주어가 여성 복수일 때 : ami ➡ amies
- les cheveux(머리카락)는 항상 복수 형태로 사용하기 때문에 뒤에 오는 형용사도 복수형태로 사용합니다.
- peau는 여성명사이기 때문에 bel의 여성형인 belle이 사용되었습니다.

3 Nous(우리)

🎧 plus3-3.mp3

Nous는 영어의 We에 해당하는 주어예요.

1 être 동사	2 avoir 동사	3 faire 동사
누쏨 **Nous sommes**	누쟈봉(v) **Nous avons**	누 프(f)종 **Nous faisons**
우리는 행복해요. **Nous sommes heureux.** [누쏨 죄회]	우리는 시간이 있어요. **Nous avons le temps.** [누쟈봉(v) 르 떵]	우리는 게임을 해요. **Nous faisons le jeu.** [누 프(f)종 르 쥐]
우리는 여기에 있어요. **Nous sommes ici.** [누쏨 지씨]	우리는 동갑이에요. **Nous avons le même âge.** [누쟈봉(v) 르 멤 아쥬]	우리는 산책을 해요. **Nous faisons une promenade.** [누 프(f)종 윈 프홈나드]

단어

heureux (heuruse) 행복한 | ici 여기, 여기에 | temps 시간 | même 같은 | jeu 게임 |
faire une promenade 산책하다

Plus

Nous 대신 On ?

사실 일상회화에서는 Nous보다 더 자주 사용하는 것이 있어요. 바로 On입니다. On의 동사변화는 Il / Elle 과 같아 따로 외울 필요는 없어요. 참 다행이죠!

• **Nous sommes heureux. = On est heureux.** 우리는 행복해.

"우리 ~하자." 라고 권유할 때에도 주어 On을 사용하면 된답니다.
가장 많이 사용하는 표현이 있는데, 자주 사용하기 때문에 익혀두면 좋습니다.

• **On y va.** [오니바(v)] 가자.
• **On y va ?** [오니바(v)] 갈까?

4
추가 단어/표현집

🎧 plus4.mp3

본책에서 배운 패턴에 단어만 바꾸면 더 많은 말을 할 수 있어요!

1 국적

나의 국적 또는 상대방의 국적에 대해 이야기 할 때, être 동사와 쓸 수 있는 단어들입니다.

Américain(e) [아메히꺙 / 아메히껜느] 미국인	Chinois(e) [쉬누아 /쉬누아즈] 중국인	Anglais(e) [엉글레 /엉글레즈] 영국인	Canadien(ne) [꺄나디앙 / 꺄나디엔느] 캐나다인	Belge [벨쥬] 벨기에인

2 직업

나의 직업 또는 상대방의 직업에 대해 이야기 할 때, être 동사와 쓸 수 있는 단어들입니다.

boulanger / boulangère [불렁제 /불렁제ㅎ] 제빵사	infirmier / infirmière [앙피(f)호미에/ 앙피(f)호미에ㅎ] 간호사	médecin [멛쌍] 의사	policier / policière [뽈리씨에 / 뽈리씨에ㅎ] 경찰	auteur / auteure [오뙤ㅎ] 작가

 Plus

프랑스에서는 "난 직장인이야."라고 말하지 않습니다. "나는 (회사 또는 기관 이름)에서 일해." 라고 표현하는 것이 자연스러워요. 'travailler [트하바(v)이예] 일하다' 라는 동사를 사용해 말하면 됩니다.

- Je travaille à Samsung. [쥬 트하바(v)이 아 삼성] 나는 삼성에서 일해.
- Tu travailles à la mairie ? [쮸 트하바(v)이 알 라 메히] 너 시청에서 일해?

3 취미

나의 취미 또는 상대방의 취미에 대해 이야기 할 때, faire 또는 aimer 동사와 쓸 수 있는 단어들입니다.

faire des photos	faire du football	faire de la natation	faire du ski	faire du piano
[페(f)ㅎ 데 포(f)또]	[페(f)ㅎ 듀 풋(f)볼]	[페(f)ㅎ 들라 나따씨옹]	[페(f)ㅎ 듀 스끼]	[페(f)ㅎ 듀 삐아노]
사진을 찍다	축구를 하다	수영을 하다	스키를 타다	피아노를 치다

4 활동

내가 좋아하는 것, 또는 상대방이 좋아하는 것에 대해 이야기 할 때 aimer 동사와 쓸 수 있는 단어들입니다.

chanter	marcher	écrire	parler avec des amis	rien faire
[셩떼]	[막쉐]	[에크히ㅎ]	[빠흘레 아벡(v) 데 자미]	[히앙 페(f)ㅎ]
노래부르다	걷다	글쓰다	친구들과 이야기하다	아무것도 하지 않다

5 음식

내가 먹는 것, 또는 상대방이 먹는 것에 대해 이야기 할 때, manger 동사와 쓸 수 있는 단어들입니다.

les pâtes	la viande	la gaufre	une pomme	un kiwi
[레 빠뜨]	[라 비(v)엉드]	[라 고프(f)ㅎ]	[윈 뽐므]	[앙 끼위]
파스타	고기	와플	사과 한 개	키위 한 개

6 음료

내가 마시는 것, 또는 상대방이 마시는 것에 대해 이야기 할 때, **boire 동사**와 쓸 수 있는 단어들입니다.

du vin rouge	du vin blanc	du lait	du thé vert	un café glacé
[듀 방(v) 후쥬]	[듀 방(v) 블렁]	[듈 레]	[듀 떼 베(v)ㅎ]	[앙 꺄페(f) 글라쎄]
레드 와인	화이트 와인	우유	녹차	아이스 커피

7 사물

내가 보는 것, 또는 상대방이 보는 것에 대해 이야기 할 때, **regarder 동사**와 함께 쓸 수 있는 단어들입니다.

une série	un document	le paysage	la lune	la fleur
[윈 쎄히]	[앙 도뀌멍]	[르 뻬이쟈쥬]	[라 륀느]	[라 플(f)뢰ㅎ]
드라마	문서	경치	달	꽃

8 장소

내가 가는 곳, 또는 상대방이 가는 곳에 대해 이야기 할 때, **aller 동사, 전치사 à**와 함께 쓸 수 있는 단어들입니다.

le cinéma	la gare	l'hôpital	le restaurant	le marché
[르 씨네마]	[라 갸ㅎ]	[로삐딸]	[르 헤스또헝]	[르 막쉐]
영화관	기차역	병원	식당, 레스토랑	시장

문제로 확인하기 정답

1과

- 상황 1) Bonsoir !
- 상황 2) Salut ! / Coucou !
- 상황 3) Bonjour !

2과

- 상황 1) Merci.
- 상황 2) De rien. / Avec plasir.
- 상황 3) Merci beaucoup.

3과

- 상황 1) Pardon.
- 상황 2) Excusez-moi.
- 상황 3) Ce n'est pas grave.

4과

- 상황 1) Ça va ? / Çomment Ça va ?
- 상황 2) Ça va bien.
- 상황 3) Pas mal.

5과

- 상황 1) Bonne journée.
- 상황 2) À bientôt. Bonne soirée.
- 상황 3) Au revoir. À demain.

6과

1. Je suis

2. ① Je suis Suzy.
   ② Je suis Coréenne.
   ③ Je suis journaliste.

3. ① Je suis Française.
   ② Je suis Japonais.
   ③ Je ne suis pas étudiante.
   ④ Je ne suis pas journaliste.

7과

1. J'ai

2. ① J'ai faim.
   ② J'ai soif.
   ③ J'ai peur.

3. ① J'ai chaud.
   ② J'ai trop froid.
   ③ J'ai sommeil.
   ④ J'ai trop mal.

8과

1. Je fais

2. ① Je fais la cuisine.
   ② Je fais le ménage.
   ③ Je fais les courses.

3. ① Je fais du pilates chez moi.
   ② Je fais du vélo.
   ③ Je fais la vaisselle chez moi.
   ④ Je fais un tour.

9과

1. J'aime

2. ① J'aime la musique.
   ② J'aime le printemps.
   ③ J'aime les légumes.

3. ① J'aime voyager.
   ② J'aime beaucoup lire.
   ③ J'aime beaucoup écouter de la musique.
   ④ J'aime faire du sport.

10과

1. Je mange

2. ① Je mange un gâteau.
   ② Je mange une glace.
   ③ Je mange des noix.

3. ① Je mange le petit-déjeuner.
   ② Je mange le dîner.
   ③ Je mange un snack tous les jours.
   ④ Je mange une banane tous les jours.

11과

1. Je bois

2. ① Je bois du café.
   ② Je bois du thé.
   ③ Je bois de la bière.

3. ① Je bois un jus de fruit.
   ② Je bois de l'alcool.
   ③ Je bois un cappuccino le matin.
   ④ Je bois un chocolat chaud le matin.

12과

1. Je regarde

2. ① Je regarde Youtube.
   ② Je regarde la télé.
   ③ Je regarde un film.

3. ① Je regarde une video.
   ② Je regarde le ciel.
   ③ Je regarde les photos le week-end.
   ④ Je regarde les infos le week-end.

13과

1. Je vais

2. ① Je vais au travail.
   ② Je vais à la maison.
   ③ Je vais aux Champs-Elysées.

3. ① Je vais à la fac aujourd'hui.
   ② Je vais au supermarché.
   ③ Je vais à Paris aujourd'hui.
   ④ Je vais à la plage.

14과

1. Je veux

2. ① Je veux manger du pain.
   ② Je veux boire une bière.
   ③ Je veux danser.

3. ① Je veux vraiment du fromage.
   ② Je veux du changement.
   ③ Je veux sortir.
   ④ Je veux vraiment apprendre le français.

15과

1. Je peux

2. ① Je peux faire la cuisine.
   ② Je peux parler en anglais.
   ③ Je peux conduire.

3. ① Je peux faire ça pour toi.
   ② Je peux t'aider.
   ③ Je peux goûter ?
   ④ Je peux entrer ?

16과

1. Je dois

2. ① Je dois faire le ménage.
   ② Je dois prendre une douche.
   ③ Je dois travailler.

3. ① Je dois y aller.
   ② Je dois étudier le japonais maintenant.
   ③ Je dois descendre ici.
   ④ Je dois prendre le bus maintenant.

17과

1. Tu es

2. ① Tu es Alice ?
   ② Tu es Français ?
   ③ Tu es étudiant ?
   ④ Tu es journaliste ?

3.

18과

1. Tu as

2. ① Tu as chaud ?
   ② Tu as froid ?
   ③ Tu as mal ?
   ④ Tu as sommeil ?

3.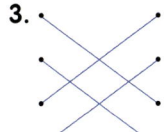

19과

1. Tu fais

2. ① Tu fais du pilates ?
   ② Tu fais du vélo ?
   ③ Tu fais la vaisselle ?
   ④ Tu fais un tour ?

3.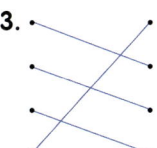

20과

1. Tu aimes

2. ① Tu aimes voyager ?
   ② Tu aimes lire ?
   ③ Tu aimes écouter de la musique ?
   ④ Tu aimes faire du sport ?

3.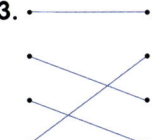

21과

1. Tu manges

2. ❶ Tu manges le petit-déjeuner ?
   ❷ Tu manges le dîner ?
   ❸ Tu manges un snack ?
   ❹ Tu manges un pain au chocolat ?

3.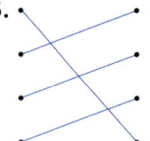

22과

1. Tu bois

2. ❶ Tu bois un chocolat chaud ?
   ❷ Tu bois un jus de fruit ?
   ❸ Tu bois un cappuccino ?
   ❹ Tu bois de l'alcool ?

3.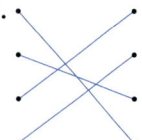

23과

1. Tu regardes

2. ❶ Tu regardes les infos ?
   ❷ Tu regardes une vidéo ?
   ❸ Tu regardes le ciel ?
   ❹ Tu regardes les photos ?

3.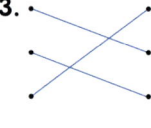

24과

1. Tu vas

2. ❶ Tu vas à la fac ?
   ❷ Tu vas au supermarché ?
   ❸ Tu vas à Paris ?
   ❹ Tu vas à la plage ?

3.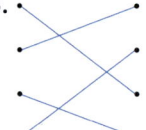

25과

1. Tu veux

2. ① Tu veux du fromage ?
   ② Tu veux sortir ?
   ③ Tu veux du changement ?
   ④ Tu veux apprendre le français ?

3.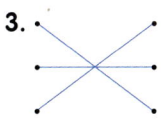

26과

1. Tu peux

2. ① Tu peux faire ça ?
   ② Tu peux faire du ski ?
   ③ Tu peux m'aider ?
   ④ Tu peux entrer.

3.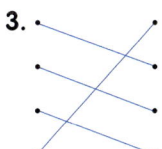

27과

1. Tu dois

2. ① Tu dois y aller ?
   ② Tu dois étudier le japonais ?
   ③ Tu dois descendre ici ?
   ④ Tu dois prendre le bus ?

3.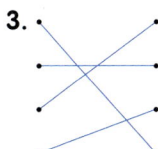

28과

1.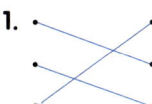

2. ① L'addition, s'il vous plaît.
   ② Une carafe d'eau, s'il vous plaît.
   ③ Un sac, s'il vous plaît.
   ④ Un billet, s'il vous plaît.

29과

1.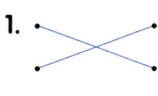

2. ❶ Vous avez de la glace ?
　　❷ Vous avez du thé ?
　　❸ Vous avez du sucre ?
　　❹ Vous avez du lait ?

30과

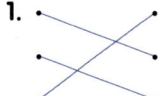

2. ❶ Je cherche des vins.
　　❷ Je cherche des cosmétiques.
　　❸ Je cherche des vêtements.
　　❹ Je cherche des fruits.

31과

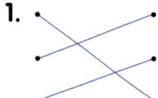

2. ❶ Où est le musée ?
　　❷ Où est ma place ?
　　❸ Où est le guichet ?
　　❹ Où est Charlie ?

32과

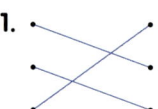

2. ❶ Combien coûte un billet ?
　　❷ Combien coûte une baguette ?
　　❸ Combien coûte un café noir ?
　　❹ Combien coûte la pomme ?

33과

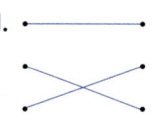

2. ❶ J'ai mal à l'oreille.
　　❷ J'ai mal au dos.
　　❸ J'ai mal à la gorge.
　　❹ J'ai mal aux jambes.

숫자

(1) 0~29
　　22/5/16/9/14/15/3/13/17/23

(2) 30~99
1. soixante-treize
2. soixante-dix-sept
3. quatre-vingt-un
4. quatre-vingt-cinq
5. quatre-vingt-seize
6. quatre-vingt-dix-neuf

내 눈높이에 딱! 가장 쉽고 빠르게 기초 프랑스어를 끝낸다!

주미에르의
10시간 프랑스어 첫걸음

실전 프랑스어

노민주(주미에르) 지음

〈실전 프랑스어 문장〉과 〈실전 프랑스어 상황〉으로 구성되어 있습니다.
여행 전에 학습하거나, 여행 시 휴대하며 책 속 표현을 활용해 보세요!

내 눈높이에 딱! 가장 쉽고 빠르게 기초 프랑스어를 끝낸다!

주미에르의
10시간 프랑스어 첫걸음
실전 프랑스어

노민주(주미에르) 지음

1

실전 프랑스어 문장

문장 전체 듣기

1 만능 표현

 voyage1-1.mp3

1. 좋아요. / 맛있어요.

C'est bon.
[쎄 봉]

|용도|

❶ 어떤 것의 상태가 양호할 때
❷ 음식이 맛있다고 말할 때
❸ 마음에 든다고 말할 때

2. 괜찮아요.

Ça va.
[싸 바(v)]

|용도|

❶ 잘 지낸다고 할 때
❷ 아프지 않고 상태가 괜찮을 때
❸ 상황 또는 작동이 문제없이 잘 될 때

3. 이게 뭐예요? / 그게 뭐예요?

C'est quoi ?
[쎄 꾸아]

|용도|

❶ 무엇을 위한 물건인지 모를 때
❷ 상대방이 말한 것이 무엇인지 모를 때
❸ 옆 테이블 메뉴가 뭔지 궁금할 때

여러가지 상황에서 쓸 수 있는 만능표현이에요.

4. ○○ 있나요?

Vous avez ○○?
[부(v)쟈베(v)]

| 용도 |

❶ 쇼핑할 때 찾고 있는 물건을 직원에게 물어볼 때
❷ 화장실이 있는지 물어볼 때
❸ 식당에서 내가 필요한 것을 물어볼 때

5. ○○ 부탁합니다.

○○, s'il vous plaît.
[씰부(v)쁠레]

| 용도 |

❶ 카페나 식당에서 메뉴를 주문할 때
❷ 질문을 좀 더 예의 있게 하고 싶을 때
　　예 C'est quoi, s'il vous plaît?(그게 무엇인가요?)
❸ 레스토랑에서 직원을 부를 때
　　예 S'il vous plaît!(저기요!)

2 필수 표현

🎧 voyage1-2.mp3

1. 실례합니다.

Excusez-moi.
[엑스뀌제 무아]

2. 얼마예요?

C'est combien ?
[쎄 꽁비앙]

3. 계산서 부탁합니다.

L'addition, s'il vous plaît.
[라디씨옹, 씰부(v)쁠레]

4. ○○ 빼고 부탁합니다.

Sans ○○, s'il vous plaît.
[썽 ○○, 씰부(v)쁠레]

5. 알레르기가 있습니다.

Je suis allergique.
[쥬 쒸이 잘레흐지끄]

현지에서 꼭 쓸 수 밖에 없는 필수 표현이에요.

6. 죄송하지만, 다시 말씀해 주세요. (말을 이해 못했을 때)

Pardon, répétez s'il vous plaît.
[빠흐동, 헤뻬떼 씰부(v)쁠레]

7. 영어할 줄 아세요?

Vous parlez anglais ?
[부(v) 빠흘레 엉글레]

8. 저는 한국사람이에요.

Je suis Coréen(ne).
[쥬 쑤이 꼬헤앙(꼬헤엔느)]

9. 자리 비어있나요?

C'est libre ?
[쎄 리브흐]

10. 좋은 여행 되세요! (다른 여행자에게)

Bon voyage !
[봉 봐(v)이야쥬]

7

3. 도움 요청하는 법

🎧 voyage1-3.mp3

1. 실례합니다.

Excusez-moi.
[엑스뀌제 무아]

영어의 'Excuse me.'를 사용하는 상황과 똑같이 사용하면 됩니다. 지나가는 사람에게 말을 걸 때, 가게나 식당에서 직원에게 무언가를 부탁하려 할 때, 상대방의 말에 끼어들 때 등의 상황에서 사용할 수 있습니다.

2. 저기요.

Monsieur [므씨유] : 남성을 부를 때 사용

Madame [마담] : 여성을 부를 때 사용

잘 모르는 사람을 높여 부르기 위한 표현입니다. 우리나라의 표현으로 하자면, '아주머니', '선생님' 등이 있습니다. 행인이나 직원 등 모르는 사람 누구에게나 사용할 수 있습니다. 남자를 부를 때는 "Monsieur"라고 부르고, 여자를 부를 때는 "Madame"라고 부르면 됩니다.

참고 Mademoiselle [맏무아젤]

옛날에는 언제나 기혼 여성에게는 "Madame", 미혼 여성에게는 "Mademoiselle"로 구분하여 호칭을 사용했습니다. 이제 공공기관의 서류 등에서는 모두 Madame으로 통일해 사용하지만, 여전히 일상에서는 젊은 여성이나 결혼하지 않은 여성에게 Mademoiselle을 사용해 부르기도 합니다.

해외 여행을 할 땐, 어려운 일이 있어도 혼자 해결하는 경우가 많죠. 잘 모르는 사람에게 도움을 요청하는 법을 배워보고, 혼자가 아닌 함께 하는 여행을 해볼까요?

3. 저 좀 도와주시겠어요?

Pourriez-vous m'aiader, s'il vous plaît ?

[뿌히에 부(v) 메데 씰부(v) 쁠레]

길을 잃었거나 다친 상황과 같이, 도움이 필요한 상황에서 사용할 수 있는 정중한 표현입니다. 혹은 실제로 부탁할 것을 말하기 전에 이 표현을 먼저 말해도 됩니다.

PART 2와 PART 3에서 배웠던 pouvoir 동사, 기억나시나요? pouvoir 동사가 Vous 주어와 만나면 기본형으로 "pouvez"가 되지만, 조금 더 완곡하고 정중한 표현으로 말할 땐, "pourriez"로 사용합니다.

영어의 "Can you help me?"를 조금 더 예의를 갖추어 말하려면 "Could you help me?"라고 말하면 되죠. Can이 Could가 된 것처럼, 프랑스어에서도 정중한 표현을 할 때 이렇게 동사의 모습이 변하기도 한답니다!

정리!

Excusez-moi, monsieur(madame), pourriez-vous m'aider, s'il vous plaît ?

실례합니다. 선생님, 저 좀 도와주시겠어요?

4 매너있는 여행자 되는 법

 voyage1-4.mp3

1. 실례합니다. (잠시만요. / 지나갈게요.)

Pardon.
[빠흐동]

'Excusez-moi.'와 비슷한 표현이에요. 누군가를 스치면서 지나갈 때, 작은 실수를 했을 때 등의 상황에서 사용할 수 있어요

2. 네? (잘 못 들었을 때)

Pardon ?
[빠흐동?]

해외에서 상대방의 말을 잘 못 들었을 때, 당황하면 "What?"이 나오죠. 그것보다 조금 더 예의 있게 사용할 수 있는 표현입니다.

3. 먼저 가세요. / 먼저 하세요.

Après vous.
[아프헤 부(v)]

마트에서 줄을 서려고 하는데 어떤 사람과 동시에 왔을 때, 버스나 지하철에 동시에 타려다가 양보할 때 등의 상황에서 사용할 수 있습니다.

해외에서는 내가 실수를 했을 때나 양보를 하고 싶을 때 하고 싶은 말이 있어도 하지 못하는 경우가 있죠.
간단한 표현만으로도 매너를 갖춘 여행자가 될 수 있답니다!

4. 도와드릴까요?

Je peux vous aider?
[쥬 쁘 부(v) 제데?]

간단하게 나의 도움이 필요해 보일 때 사용할 수 있습니다.

5. 괜찮으세요?

Ça va ?
[싸바(v)?]

누군가와 부딪혀서 괜찮은지 묻고 싶을 때나, 상대방의 상태나 안부를 묻고 싶을 때 사용할 수 있습니다.

6. 좋은 하루 보내세요. / 좋은 저녁 보내세요.

Bonne journée. / Bonne soirée.
[본 쥬흐네/본 수아헤]

가게에서 나올 때, 계산이 끝났을 때, 대화를 끝맺을 때 등의 상황에서 사용할 수 있습니다.

문제로 확인하기

보기의 표현들을 사용해 아래 상황에서 어떻게 말하면 좋을지 직접 표현해보세요!
여러가지 표현들을 조합해서 사용해도 좋습니다.

보기

C'est quoi ? | C'est bon. | Après vous.
Bonne journée / soirée. | S'il vous plaît.
C'est combien ? | L'addition, s'il vous plaît.
Vous avez ~? | C'est libre ? | Bon voyage !
Pardon. | Je suis Coréen(ne).

답 부분은 손으로 가리고 연습해 봅시다.

Q. 상황	A. 이렇게 말합니다!
 음식점에서 메뉴를 다 골랐습니다. 직원을 부르려고 하는데, 뭐라고 부르면 될까요?	S'il vous plaît !
음식이 너무 맛있습니다. 직원에게 음식이 맛있다고 말하려면 뭐라고 하면 될까요?	C'est bon.

상황 3 음식점에서 디저트를 시키려는데, 옆 테이블 디저트가 맛있어 보입니다.

어떤 메뉴인지 물어보려면 뭐라고 할까요?

(Excusez-moi,) C'est quoi ?

상황 4 식사를 마치고 계산하려고 합니다.

직원에게 계산서를 부탁하려면 뭐라고 할까요?

L'addition, s'il vous plaît !

상황 5 쇼핑을 하면서 옷을 입어봤는데 마음에 듭니다.

옷이 괜찮다고 말하려면 뭐라고 하면 될까요?

C'est bon.

상황 6 마음에 드는 옷이 비싸지 않다면 사려고 합니다.

얼마인지 물어보려면 뭐라고 할까요?

(Excusez-moi,) C'est combien ?

상황 7 연극을 보러 갔는데, 마음에 드는 자리가 있네요.

자리가 비었는지 옆 사람에게 물어보고 싶은데, 뭐라고 하면 될까요?

(Excusez-moi,) C'est libre ?

상황 8 옆 사람이 저에게 일본 사람이냐고 물어보네요.

한국 사람이라고 알려주려고 합니다. 뭐라고 할까요?

Je suis Coréen(ne).

상황 9	몽마르트르 언덕에서 배낭여행자들과 서로 사진을 찍어주었어요.	
	헤어지면서 즐거운 여행 하라고 말하려고 합니다. 뭐라고 말할까요?	**Bon voyage !**
상황 10	근처에 있는 기념품 가게에 들어갔는데, 처음 보는 물건이 있네요.	
	이게 뭔지 사장님에게 물어보려고 합니다. 뭐라고 말할까요?	**(Excusez-moi,) C'est quoi ?**
상황 11	카페에 있는데, 화장실에 가고 싶습니다.	
	카페 안에 화장실이 있는지 어떻게 물어볼까요?	**Vous avez les toilettes ?**
	화장실 : les toilettes [레 뚜왈렛ㄸ]	
상황 12	비행기 안이 추워서 승무원에게 담요가 있는지 물어보려고 합니다.	
	뭐라고 말하면 될까요?	**Vous avez une couverture ?**
	담요 : une couverture [윈 꾸벡(v)뛰ㅎ]	
상황 13	기차 시간이 다 되어가서, 양해를 구하며 빠르게 지나가려 합니다.	
	어떻게 말하면서 지나가야 할까요?	**Pardon.**
상황 14	마트에서 장을 보는데 많은 것을 사느라 카트가 가득 찼네요.	
	먼저 계산하라고 양보하고 싶은데, 뭐라고 말할까요?	**Après vous.**

이곳에 프랑스에서 꼭 써보고 싶은 나만의 필수 문장을 적어보세요!

2

실전 프랑스어 상황

상황 전체 듣기

#1 마트/시장에서

 voyage2-1.mp3

1 마트/시장에 가는 길을 모르겠네요. 지나가는 사람에게 물어 봅시다.

안녕하세요, 실례합니다.

Bonjour, excusez-moi.

[봉쥬ㅎ, 엑쓰뀌제 무아]

2 위치를 물어 봅시다.

시장/마트가 어디에 있나요?

Où est le marché/supermarché ?

[우 에 르 막쉐 / 쒸뻬ㅎ막쉐?]

* où 어디 | le marché 시장 | le supermarché 마트

3 도착했는데, 찾고 있는 것이 안 보이네요. 또 물어 봅시다!

우유/과일을 찾고 있어요.

Je cherche du lait /des fruits.

[쥬 쉡슈 듈 레 / 데 프(f)후이]

* chercher 찾다 | du lait 우유 | des fruits 과일

아몬드 우유 있어요?

Vous avez du lait d'amande?

[부(v)쟈베(v) 듈 레 다멍드]

* du lait d'amande 아몬드 우유

마트/시장에서 사용할 수 있는 표현들을 배워봐요!

 계산해 봅시다.

다 해서 얼마예요?
Ça fait combien ?
[싸 페(f) 꽁비양?]

문화tip

프랑스 마트에서 많이 물어 보는 것
프랑스에서는 계산할 때, 현금으로 할지, 카드로 할지 물어보는 경우가 많아요. 이때를 대비해서 알아두면 좋겠죠?

봉투 하나 주세요.
Un sac, s'il vous plaît.
[앙 싹 씰부(v)쁠레]

카드로/현금으로 결제할게요.
Je paie par carte/en liquide.
[쥬 뻬 빡 꺅뜨 / 엉 리키드]

* par carte 카드로 | en liquide 현금으로

발음tip

par = [빡]?
par 뒤에 c로 시작하는 단어가 올 때는 [빠ㅎ] 보다, [빡]이라고 발음하는 것이 자연스러워요.

 가게에서 나갈 때 인사를 합니다.

감사합니다.
Merci beaucoup.
[멕씨 보꾸]

좋은 하루 보내세요!/좋은 저녁 보내세요!
Bonne journée. / Bonne soirée.
[본 쥬흐네 / 본 쑤아헤]

* la journée 하루, 낮 | la soirée 저녁

| #2 | 레스토랑에서 | 🎧 voyage2-2.mp3 |

1 메뉴판이 없네요. 메뉴판을 먼저 부탁해 볼까요?

여기요, 메뉴판 부탁합니다.

Monsieur, la carte, s'il vous plaît.

[므씨유 라 꺅뜨 씰부(v)쁠레]

* la carte 메뉴판, 카드

2 아직 결정을 못했는데 직원이 왔네요.

잠시만 기다려주세요.

Un moment, s'il vous plaît.

[앙 모멍 씰부(v)쁠레]

* un moment 잠시, 순간

3 메뉴에 대해 궁금한 것을 물어볼까요?

오늘의 메뉴는 뭐죠?

Quel est le plat du jour ?

[껠레 르 쁠라 듀 쥬흐]

* le plat du jour 오늘의 메뉴

밥이 있나요?

Vous avez du riz ?

[부(v)쟈베(v) 듀 히]

* du riz 밥, 쌀

레스토랑에서 사용할 수 있는 표현들을 배워봐요!

4 이제 음식을 주문해 봅시다.

이 메뉴로 주세요.

Je voudrais ce menu.
[쥬 부(v)드헤 쓰 므뉴]

> **tip**
> Part 2에서 배웠던 'Je veux'의 조금 더 공손한 표현인 'Je voudrais'를 사용해봐요!

레드와인 한 잔과 물 한 병 주세요.

Un verre de vin rouge et une carafe d'eau s'il vous plaît.
[앙 베(v)흐 드 방(v) 후쥬 에 윈 꺄하(f) 도 씰부(v)쁠레]

* Un verre 한 잔 | le vin rouge 레드와인 | une carafe d'eau 물 한 병

5 식사를 마치고 나니 디저트가 먹고 싶네요.

디저트가 있나요?

Madame, vous avez des desserts ?
[마담 부(v)쟈베(v) 데 데쎄흐?]

* le dessert 디저트

케이크 하나랑 커피 한 잔이요.

Un gâteau et un café, s'il vous plaît.
[앙 갸또 에 앙 꺄페(f) 씰부(v)쁠레]

* le gâteau 케이크 | le café 커피

# #3 상점에서

🎧 voyage2-3.mp3

1 찾고 있는 물건을 말해볼까요?

빨간색 니트를 찾고 있어요.
Je cherche un pull rouge.
[쥬 쉑슈 앙 뿔 후쥬]

* un pull 니트 | rouge 빨간색

2 세일을 하는 건지 물어보고 싶어요!

이 바지는 세일 중인가요?
Ce pantalon est en solde ?
[쓰 뻥딸롱 에 떵 썰드]

* le pantalon 바지

3 원하는 물건을 찾았어요.

저는 이게 좋아요.
J'aime ça.
[쥼 싸]

....

저는 이걸 사고 싶어요.
Je voudrais acheter ça.
[쥬 부(v)드헤 아슈떼 싸]

* acheter 사다

상점에서 사용할 수 있는 표현들을 배워봐요!

 가격을 물어볼까요?

이 셔츠는 얼마인가요?
Combien coûte cette chemise ?
[꽁비앙 꾸뜨 쎗 슈미즈]

* la chemise 셔츠

너무 비싸네요.
C'est trop cher.
[쎄 트호 쉐ㅎ]

* cher 비싼

오, 저렴하네요.
Oh, c'est pas cher.
[오 쎄 빠 쉐ㅎ]

* pas cher 싼, 저렴한

 사기 전에 한번 착용해보고 싶네요!

이 신발 신어보고 싶어요.
Je veux essayer ces chaussures.
[쥬 브(v) 에쎄이예 쎄 쇼쒸흐]

* essayer 시도하다, 착용해보다 | les chaussures 신발

 tip
영어에서 신발을 'shoes' 복수로 사용하는 것처럼, 프랑스어에서도 복수로 사용합니다.

완벽하네요!
C'est parfait!
[쎄 빠페(f)]

* parfait 완벽한, 훌륭한

#4 관광지에서

🎧 voyage2-4.mp3

1 표를 구매하려고 합니다.

매표소가 어디에 있나요?
Où est le guichet ?
[우 에 르 기쉐]

* le guichet 매표소

표 2장 주세요.
Deux billets, s'il vous plaît.
[드 비예 씰부(v) 쁠레]

* deux 2, 두 개 | un billet 표

2 자리를 찾고 있어요.

이 자리 비었나요?
Cette place est libre ?
[쎗 쁠라쓰 에 리브ㅎ]

* la place 자리 | libre 비어있는

여기 제 자리인 것 같아요.
Je crois que c'est ma place.
[쥬 크ㅎ와 끄 쎄 마 쁠라쓰]

* Je crois que ~ ~인 것 같다

> **tip**
> 영어의 'that 절'에 대해 들어보셨죠! 바로 프랑스어의 'que'에 해당합니다. que 뒤에는 문장이 나와요.

관광지에서 사용할 수 있는 표현들을 배워봐요!

3 관광지에 대한 정보를 알고 싶어요.

박물관 내일 여나요?

Le musée est ouvert demain ?

[르 뮈제 에 뚜베(v)ㅎ 드망]

* le musée 박물관 | ouvert 열린, 열려 있는

공연 계획이 있나요?

Vous avez le programme des spectacles ?

[부(v)쟈베(v) 르 프흐그함 데 스뻭따끌ㄹ]

* le programme 계획 | le spectacle 공연

몇 시에 닫나요?

C'est fermé à quelle heure ?

[쎄 페(f)흐메 아 껠 뢰]

* fermé 닫힌 | à quelle heure 몇 시에

4 사진을 찍고 싶어요.

사진 한 장 찍어 주실 수 있나요?

Pourriez-vous prendre une photo, s'il vous plait ?

[뿌히에 부(v) 프헝드흐 윈 포(f)또 씰부(v)쁠레]

* prendre une photo 사진을 찍다

저도 당신을 위해 찍어드릴게요.

Je peux prendre une photo pour vous.

[쥬 쁘 프헝드흐 윈 포(f)또 뿌흐부(v)]

* pour vous 당신을 위해

(tip) 유럽에서는 소매치기가 많이 있죠. 휴대폰은 소매치기의 표적이 되는 경우가 많기 때문에 가능하다면 사진은 직원에게 부탁해 보세요!

#5 호텔에서

🎧 voyage2-5.mp3

1 방을 예약하려고 합니다.

2명을 위한 방을 하나 원합니다.

Je voudrais réserver une chambre pour deux personnes.

[쥬 부(v)드헤 헤제흐베(v) 윈 셩브흐 뿌ㅎ 드 뻭쏜ㄴ]

* réserver 예약하다 | une chambre 방, 침실

2 방에 대한 정보를 물어보고 싶어요.

오션뷰가 있는 방이 있나요?

Avez-vous une chambre avec vue sur la mer ?

[아베(v)부(v) 윈 셩브흐 아벡(v) 뷔(v) 쒸ㅎ 라 메흐]

* vue sur la mer 오션뷰

방에 에어컨이 있나요?

La chambre a l'air conditionné ?

[라 셩브흐 아 레ㅎ 꽁디씨오네?]

* l'air conditionné 에어컨

와이파이가 있나요?

Vous avez du wi-fi ?

[부(v)쟈베(v) 듀 우이피(f)]

* du wi-fi 와이파이

1박에 얼마예요?

Combien ça coûte pour une nuit ?

[꽁비앙 싸 꾸뜨 뿌ㅎ 윈 뉘이]

* une nuit 하룻밤, 1박

호텔에서 사용할 수 있는 표현들을 배워봐요!

3 조식에 대한 정보를 알아볼까요?

가격에 조식 포함된 건가요?

Est-ce que le petit-déjeuner est compris dans le prix ?

[에스끄 르 쁘띠데쥬네 에 꽁프히 덩 르 프히]

* le petit-déjeuner 아침 식사 | compris 포함된 | dans ~ 안에 | le prix 가격

몇 시예요?

À quelle heure ?

[아 껠 뢰흐]

* À quelle heure 몇 시에

4 체크아웃에 대한 정보를 알고 싶어요.

체크아웃은 몇 시에 해야 하나요?

Je dois quitter la chambre à quelle heure ?

[쥬 두아 끼떼 라 셩브흐 아 껠 뢰흐]

* quitter la chambre 방을 떠나다/체크아웃을 하다

5 숙소가 너무 좋아서 하룻밤 더 묵고 싶어요.

1박 더 머무를 수 있을까요?

Je peux rester encore une nuit ?

[쥬 쁘 헤스떼 엉꼬흐 윈 뉘이]

* rester 머무르다, 남다 | encore 더

이곳에 여행일정이나 쇼핑리스트를 적어보세요!

유하다요의
10시간 일본어 첫걸음

전유해(유하다요) 지음 | 412쪽 | 19,000원

'히라가나부터 생활회화까지'
일본어 기초를 10시간 만에 끝내는 방법!

유하다요의 무료 강의로! 군더더기 빼고 핵심에 집중해서! 내가 써먹을 수 있는 단어와 표현으로!
꼭 필요한 것만 담은 미니멀 첫걸음으로 가볍게 시작하고 홀가분하게 끝내자!

난이도	**첫걸음** 초급 중급 고급	기간	10시간
대상	히라가나부터 차근차근 일본어에 입문하려는 학습자	목표	기초 일본어를 완벽하게 내 것으로 만들기